OTONA MO SHIRANAI? FUSHIGI GENSHO JITEN edited by "Fushigi Gensho" Kenkyukai, illustrated by Shinsuke Yoshitake
Copyright © 2021 "Fushigi Gensho" Kenkyukai, Shinsuke Yoshitake, MICRO MAGAZINE, INC.
All rights reserved.
Original Japanese edition published by MICRO MAGAZINE, INC., Tokyo.

This Korean language edition is published by arrangement with
MICRO MAGAZINE, INC., Tokyo in care of Tuttle-Mori Agency, Inc., Tokyo
through JM Contents Agency Co., Seoul.
Korean translation copyright © Gimm-Young Publishers, Inc. 2022

이 책은 JM 콘텐츠에이전시를 통한 저작권자와의 독점 계약으로 ㈜김영사에서 출간되었습니다.
저작권법에 의해 한국 내에서 보호를 받는 저작물이므로 무단 전재와 복제를 금합니다.

시작하며

같은 글자를 계속 들여다보면, '어라? 이 글자가 이렇게 생겼었나?' 하고 혼란스러울 때가 있어요. 공책에 같은 문장을 베껴 쓰는 숙제를 하다 보면 글자 모양이 따로따로 흩어지는 것 같기도 하고요. 이런 신기한 현상을 경험한 적이 있나요? 경험해 봤어도 이 현상의 이름을 아는 친구는 별로 없을 거예요. 아니, 이 현상에 이름이 있다는 사실을 모르는 친구도 많겠죠.

우리 주변에는 자주 일어나지만 이름을 잘 모

르는 현상이 아주 많아요. 어른도 모르는 건 마찬가지예요. 그저 '또 이런 현상이 벌어졌네!' 하며 넘기는 거죠.

이 책에서는 여러분이 일상 속에서 한 번쯤 겪었을 법한 신기한 현상의 이름을 소개하려고 해요.

어른들도 잘 모르는 신기한 현상의 이름을 기억해 뒀다가 부모님이나 친구들에게 가르쳐 주고, 여기에 없는 또 다른 신기한 현상을 발견하면 그 이름을 조사해 봐요.

시작하며 · 2

1장 학교에서 공부할 때 생기는 신기한 현상

1. "보면 안 돼!"라는 소리를 들으면 괜히 더 보고 싶다 · 8
2. 일찍 일어나니까 아빠가 용돈을 줬는데, 딱 한 번만 주고 말아서 일찍 일어나기 싫어졌다 · 10
3. 평소에 잘 쓰던 단어인데 중요한 순간에 깜빡 잊어버릴 때가 있다 · 12
4. 연필 끝을 쥐고 흔들면 연필이 흐물흐물해 보인다 · 14
5. 교실에서 왁자지껄 떠들던 중에 갑자기 모두 입을 다물어 조용해졌다 · 16
6. 운동회가 끝나니까 아무것도 하기 싫어졌다 · 18
7. 공부하려고 했는데 부모님이 "공부해!"라고 해서 의욕이 사라졌다 · 20
8. 같은 글자를 계속 쓰다 보니, 원래 글자 모양이 헷갈리기 시작했다 · 22
9. 원래 얌전한 친구인데 수업 참관 날이면 적극적으로 손을 든다 · 24
10. 선생님한테 "너도 공부를 잘할 수 있단다!"라는 말을 듣자 성적이 올랐다 · 26
11. 다들 입을 다문 학급 회의 시간, 한 친구가 갑자기 개그를 하자 모두 의견을 내기 시작했다 · 28
12. 시험 전날이면 방 청소를 하고 싶다 · 30

보너스 퀴즈 ① · 32

2장 친구 사이에서 생기는 신기한 현상

13. 싫은 사람의 싫은 점만 자꾸 보인다 · 34
14. 싫은 일이 있었을 때, 친구에게 이야기를 털어놓자 속이 후련해졌다 · 36
15. 친구 집에 놀러 가서 쿠키를 먹었는데, 아무도 마지막 하나를 먹지 않아 남았다 · 38
16. 내가 좋아하는 유튜버를 친한 친구도 당연히 좋아할 줄 알았는데 아니었다 · 40
17. 유치원 때 친구보다 요즘 친해진 친구에게 칭찬을 받으면 더 기쁘다 · 42

18. 같은 애니메이션을 좋아하는 친구와는 금방 친해진다 · 44
19. 별로 관심 없던 사람에게 좋아한다는 고백을 자꾸 들었더니 점점 좋아졌다 · 46
20. 평소에는 무서운 선생님이 다정하게 웃으며 강아지와 산책하는 모습을 보자
가슴이 찡했다 · 48

보너스 퀴즈 ② · 50

3장 집에서 생기는 신기한 현상

21. 어려서부터 소중히 아끼는 인형을 들고 있으면 마음이 편하다 · 52
22. 실수로 다른 별자리의 별점을 읽었는데 잘 맞는 것 같다 · 54
23. 분명 휴대 전화가 진동하는 것 같았는데 기분 탓이었다 · 56
24. 만나고 싶었던 친구와 약속도 안 했는데 역에서 마주쳤다 · 58
25. 12월 31일에 밤늦게까지 깨어 있었는데, 졸리지 않고 오히려 기운이 넘쳤다 · 60
26. 야구 경기를 보면, 지는 팀을 응원하고 싶어진다 · 62
27. 선생님이나 텔레비전에 나오는 유명인이 하는 말을 전부 옳다고 믿는다 · 64
28. 우리 고양이가 양말 냄새를 맡고 이상한 표정을 지었다… · 66
29. 좀만 쉬다 방 청소를 하려고 했는데, 시간이 지나자 귀찮아졌다 · 68
30. 할머니 집 천장의 나뭇결이 사람 얼굴로 보여서 무섭다 · 70
31. 오랜만에 친척 어른과 만나면, 모두 "1년이 순식간에 지났네."라고 말한다 · 72
32. 달리기를 잘 못하는 언니(누나)가 바퀴벌레를 보면 잽싸게 도망친다 · 74

보너스 퀴즈 ③ · 76

4장 외출했을 때 생기는 신기한 현상

33. 과자에 '한정 판매'라고 적혀 있으면 더 사고 싶다 · 78
34. 멈춰 있는 에스컬레이터를 걸어갈 때면 기분이 이상하다 · 80
35. 모두가 가진 게임은 나도 갖고 싶다 · 82

36. 노래 한 구절이 머릿속에서 빙글빙글 끝없이 반복 재생된다 • 84
37. 서점에 가면 이상하게 화장실에 가고 싶다 • 86
38. 부모님을 놓쳤을 때, 주위가 시끄러운데도 부모님이 내 이름을 부르는 소리가 들렸다 • 88
39. 배에서 내린 뒤에도 한동안 배를 탄 것처럼 마구 흔들린다 • 90
40. 맞은편에서 오는 사람을 피하려고 했는데 자꾸 부딪힐 뻔한다 • 92
41. 겨울이 되면 키우는 강아지의 코 색깔이 연해진다 • 94
42. 추운 날 수영장에 들어가면 이가 부딪힐 정도로 덜덜 떨린다 • 96
43. 캠핑하러 숲에 갔을 때, 숲의 나무 틈새로 빛이 내리쬐어 빛줄기가 보였다 • 98
44. 트레이딩 카드를 사러 갔는데, 종류가 너무 많아서 결국 사지 않고 집에 왔다 • 100
45. 유원지나 쇼핑몰에 있는 피에로가 왠지 무섭다 • 102
46. 심부름해서 받은 돈은 소중히 모으는데, 세뱃돈으로 받은 돈은 금방 써 버린다 • 104

보너스 퀴즈 ④ 106

5장 몸에서 생기는 신기한 현상

47. 감기에 걸렸을 때 채소 주스를 마시면 낫는 것 같다 • 108
48. 단거리 달리기는 빠른데 오래달리기는 느리다 • 110

49. 도무지 잠을 이루지 못하는 밤, 방에서 '스윽' 하는 소리가 들린다… • 112
50. 빨간색 펜으로 '파랑'이라고 적은 걸 보면, 무슨 색으로 썼는지 순간 헷갈린다 • 114
51. 빙수를 허겁지겁 먹으면 머리가 지끈지끈하다 • 116
52. 게임기 화면을 본 후에 먼 곳을 보면, 잘 안 보일 때가 있다 • 118
53. 팔꿈치를 책장에 부딪히면 찌릿찌릿하다 • 120
54. 잠이 쏟아져서 꾸벅꾸벅 졸다가 갑자기 몸이 움찔해서 잠이 깬다 • 122
55. 알루미늄 포일을 씹었더니 이가 찌르르했다 • 124
56. 왼쪽 코막힘이 나으니 오른쪽 코막힘이 시작되었다 • 126

1장

학교에서

공부할 때 생기는 신기한 현상

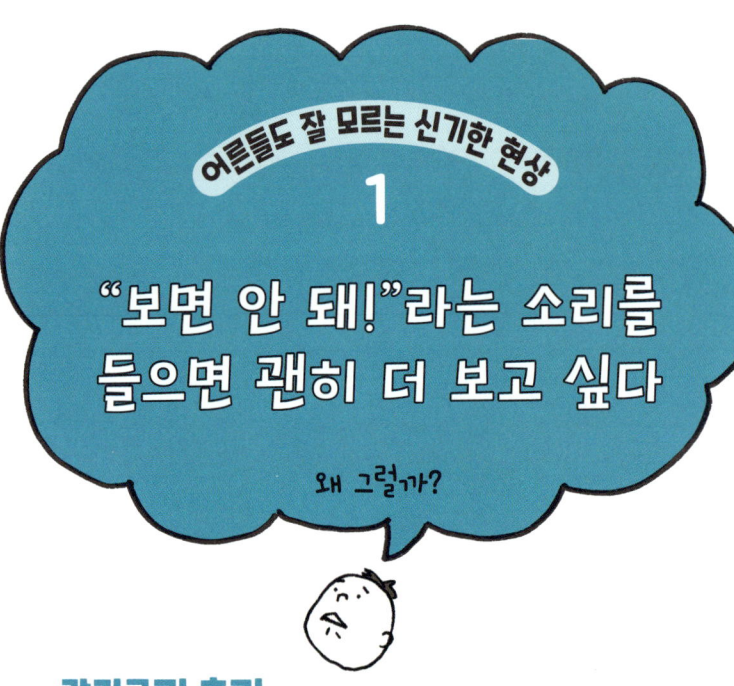

칼리굴라 효과

사람은 본능적으로 자기의 일은 자기가 정하고 싶어 해요. 누군가 "안 돼!"라고 하면 괜히 더 하고 싶어지죠. 이런 현상을 '칼리굴라 효과'라고 해요. 영화 〈칼리굴라〉에서 따온 이름이에요. 〈칼리굴라〉는 내용이 매우 잔혹하고 자극적이라 미국 일부 지역에서 상영을 금지했어요. 그런데 상영을 금지하자 오히려 사람들의 관심을 불러일으켜 대대적으로 성공했다고 해요. 부모님이 "과자는 저녁 먹은 다음에!"라고 하면 괜히 더 과자가 먹고 싶어지는 것도 '칼리굴라 효과'랍니다.

신기한 현상 칼럼

개그 방송에서 일부러 "~하지 마라."라는 말을 "~해라."라는 뜻으로 쓰기도 해요. '칼리굴라 효과'를 활용한 개그랍니다.

어른들도 잘 모르는 신기한 현상

2

일찍 일어나니까 아빠가 용돈을 줬는데, 딱 한 번만 주고 말아서 일찍 일어나기 싫어졌다

왜 그럴까?

언더마이닝 효과

'열심히 해야지!' 하고 스스로 마음먹었는데, 누군가 보상을 주면 꼭 누가 시켜서 하는 것처럼 느껴져요. 이럴 때 의욕이 사라지는 현상을 '언더마이닝 효과'라고 해요. '언더마이닝'은 상처를 줘서 무너뜨린다는 뜻이에요. 어떤 행동의 보상으로 돈이나 물건이 아니라, 감사나 칭찬의 말을 들으면 언더마이닝 현상이 잘 일어나지 않는대요. 아버지가 그냥 칭찬만 해 줬으면 더 좋았겠네요.

일찍 일어나다니 대단하구나.
용돈을 주마.

신기한 현상 칼럼

'언더마이닝 효과'와 반대로, 고마움이나 기대감이 담긴 말을 보상으로 들으면 의욕이 생기는 현상을 '엔허싱(향상시킨다) 효과'라고 해요.

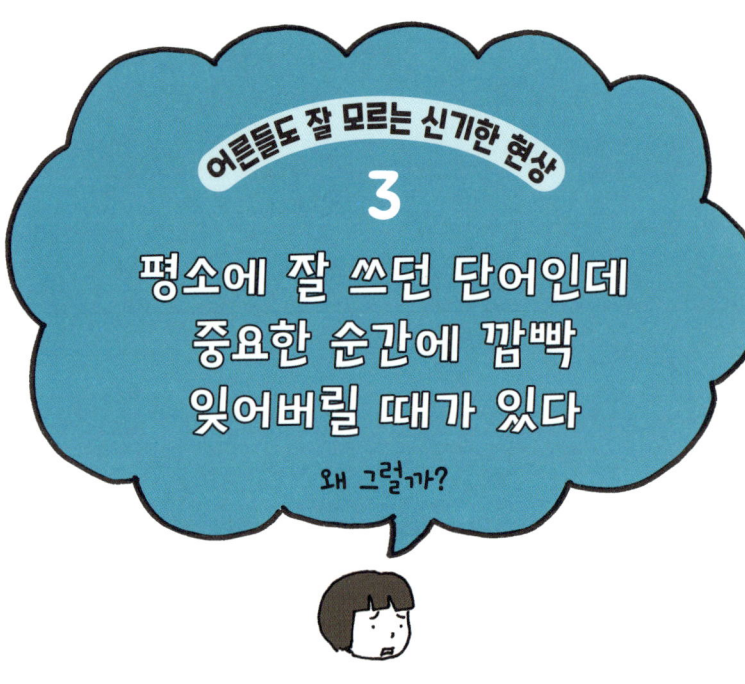

TOT 현상

 분명히 아는데 떠올리지 못하는 현상을 'TOT(영어로 '혀끝까지 나오다'의 줄임말) 현상'이라고 해요. 아직 원인은 밝혀지지 않았어요. 그런데 단어를 많이 아는 사람일수록 머릿속에서 찾아야 할 단어가 많아서, 그 결과 바로 기억하지 못한다는 가설이 있어요. 그래서 어린이보다 어른에게 더 많이 나타나는 현상이에요. 시험 때 단어를 떠올리지 못한다면, 반대로 단어를 많이 알고 있는 걸지도요?

신기한 현상 칼럼

영어로 '혀끝까지 나오다'는 'tip of the tongue'라고 해요. 'tip'은 뾰족한 끝을 말하고 'tongue'는 혀죠. 우리말로도 '말이 나올 듯 말 듯 혀끝에서 맴돈다.'라는 표현이 있어요.

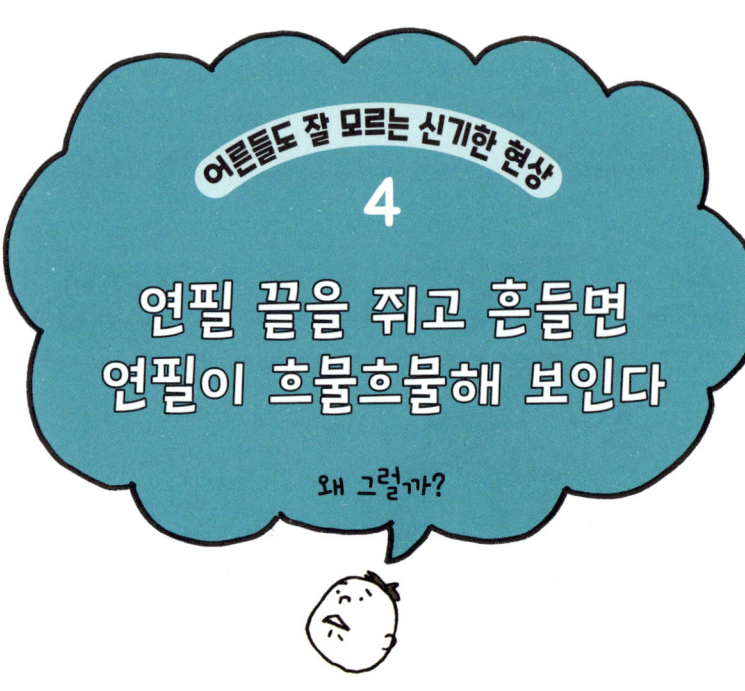

지우개 연필 환상

공부를 하다 무심코 연필 끝을 쥐고 살살 흔들어 연필이 흐물흐물하게 보이는 놀이를 한 적 있나요? 이 현상은 '지우개 연필 환상(러버 펜슬 일루전)'이라고 해요. 연필을 손으로 쥔 곳과 손에서 멀리 떨어진 곳의 움직이는 속도가 서로 달라 일어나는 착시 현상이에요. 실제로 흐물흐물해지는 건 아니랍니다. 천천히 흔들 때 더 착시가 잘 생기는데, 수업 중에 이러면 혼나니까 집에서 합시다.

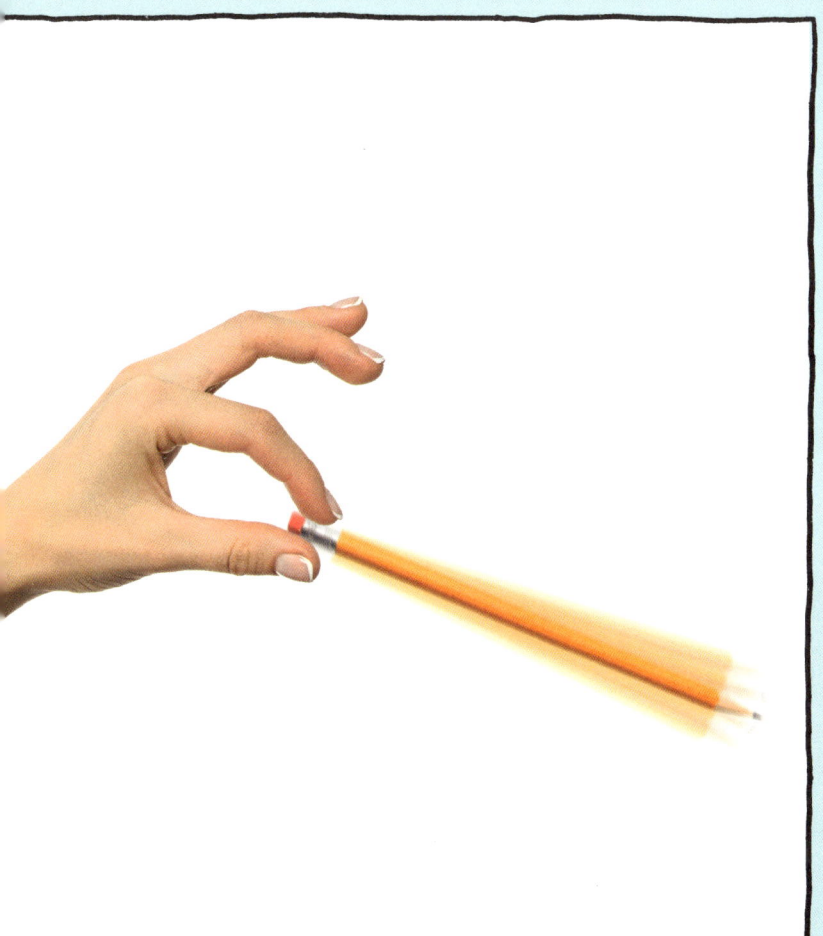

신기한 현상 칼럼

착시 현상을 이용하기도 해요. 도로에 페인트로 칠한 제한 속도 '40'이나 '50'이라는 숫자가 바로 그래요. 옆에서 보면 이상한 형태인데, 자동차 안에서는 제대로 된 숫자로 보인답니다.

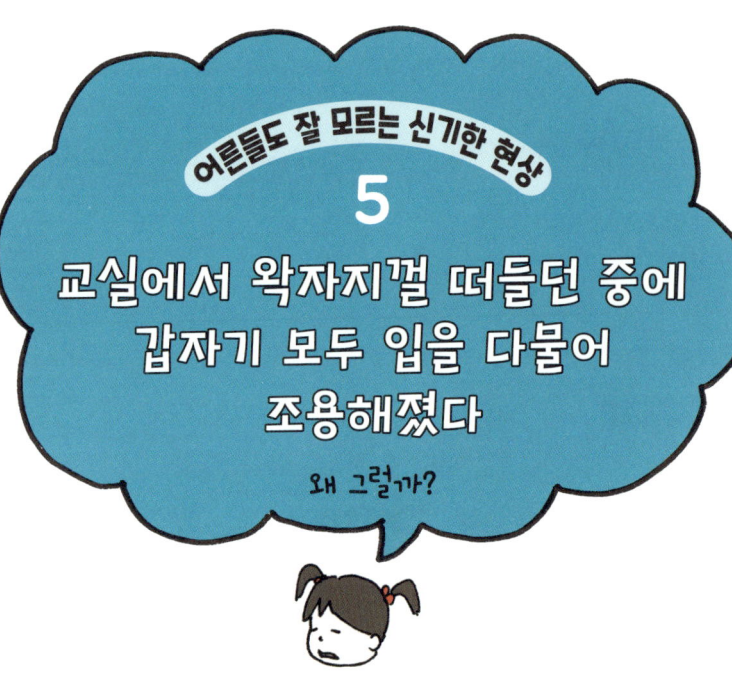

천사가 지나가는 시간

다들 즐겁게 재잘대던 중에 순간적으로 조용해지는 것은 '천사가 지나가는 시간'이라는 현상이에요. 이건 프랑스 속담에서 온 말이죠. 원래 프랑스 수녀원에서 운영하던 여학교의 학생들 사이에서 생긴 말이라는데, 정확한 어원은 알려지지 않았답니다. 이 현상이 일어나는 이유는 지금으로서는 우연이라고 할 수밖에 없어요. 말 그대로 천사만이 무슨 일이 벌어졌는지 알겠죠.

신기한 현상 칼럼

'요정이 지나갔다', '신이 지나갔다', 마녀가 지나갔다', '부처님이 지나갔다', 귀신이 지나갔다'처럼 비슷하면서 다른 표현도 많아요.

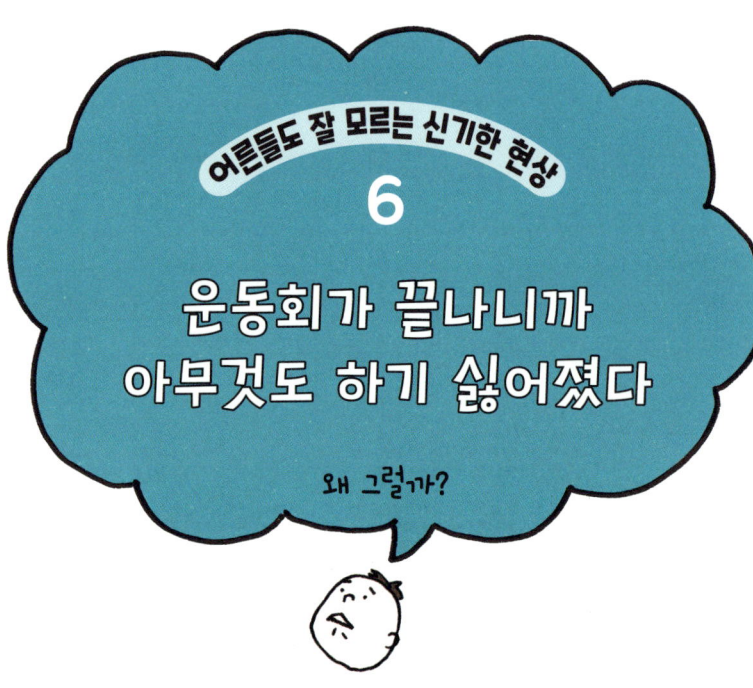

번아웃 증후군

운동회에서 에너지를 다 써 버려 집중력과 의욕이 떨어졌군요. '번아웃 증후군'의 특징 중 하나랍니다. 연습을 열심히 하고 참을성이 강하고, 완벽주의자에 책임감이 있는 사람이 번아웃 증후군에 빠지기 쉽다고 해요. 자기도 모르는 새 몸과 마음이 지쳤으니 조금 쉬게 해 달라는 구조 신호를 보내고 있는 것이죠. 따뜻한 물로 목욕하고 잠을 충분히 자 두세요. 몸의 피로를 먼저 풀어 주세요.

오히려 번아웃 증후군에
빠져 보고 싶네······

신기한 현상 칼럼

번아웃 증후군에 빠지지 않으려면, 새로운 목표를 설정하고 대단한 일이 아니라도 '나 되게 열심히 했네!' 하고 스스로 칭찬해 주는 것이 중요해요.

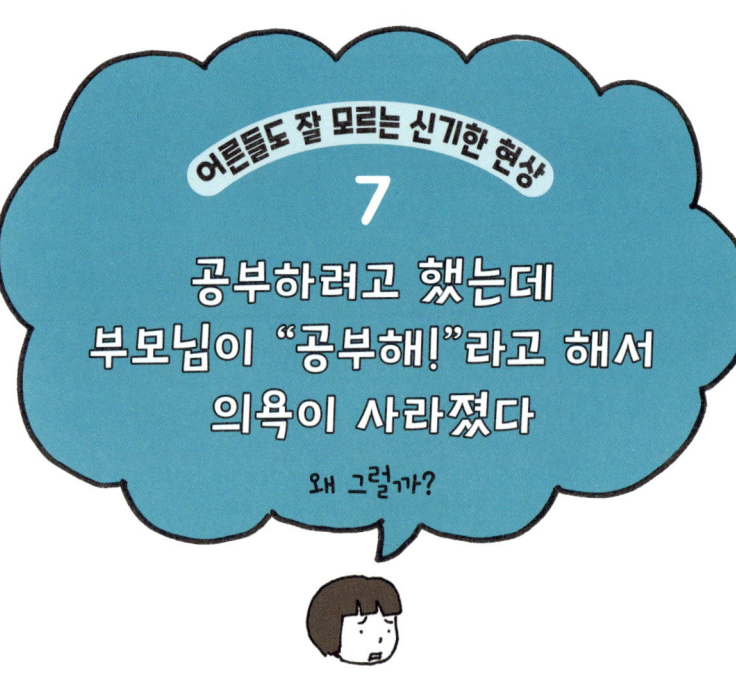

부메랑 효과

'게임도 질리니까 슬슬 공부할까……' 하고 생각한 바로 그 순간에 부모님이 "그만 좀 하고 공부해!"라고 외치니까 공부할 마음이 사라져 버린 경험, 모두 있을 거예요. 이건 심리학의 '부메랑 효과'예요. 내가 생각한 것과 똑같은 주장을 들으면 반대 방향으로 의견을 바꾸는 마음 작용이지요. 이 문제를 해결하려면 누가 뭐라고 하기 전에 공부를 시작하는 수밖에 없어요.

"절대로 공부하면 안 돼!"라고 말하면 오히려 열심히 공부했을 텐데….

신기한 현상 칼럼

이런 기분이 드는 건, 공부하라고 말하는 사람과 말을 듣는 사람의 처지가 다르기 때문이에요. 즉, 부모님은 공부하라고 말만 하지 본인은 공부하지 않잖아요.

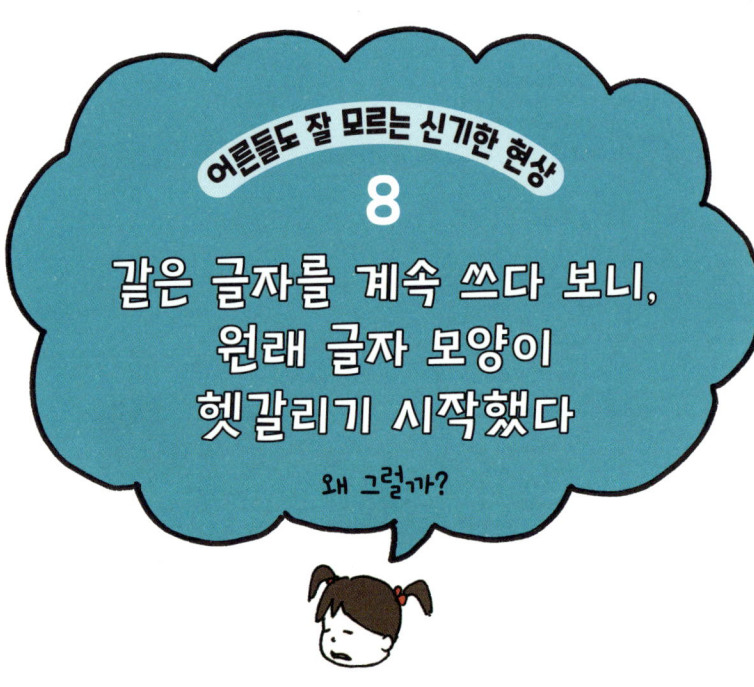

게슈탈트 붕괴 현상

한자를 외우려고 반복해서 쓸 때, 예를 들어 '이제 금(今)'이라는 한자를 계속 쓰면 점차 쓰고 있는 모양이 맞는지 헷갈려서 불안해질 때가 있어요. 이건 '게슈탈트(형태) 붕괴 현상'이에요. 영어 단어도 마찬가지예요. 같은 글자를 계속 들여다보면, 뇌가 글자의 모양을 인식하지 못하게 되어 생기는 현상이에요. 글자뿐 아니라 무늬나 마크를 계속 쳐다볼 때 생기기도 해요. 그래도 잠깐이니까 안심하세요.

신기한 현상 칼럼

한자처럼 특이하게 생긴 모양을 볼 때 '게슈탈트 붕괴 현상'이 자주 생기는데요, 한글을 볼 때도 가끔 생겨요. 참고로 '게슈탈트(gestalt)'는 독일어예요.

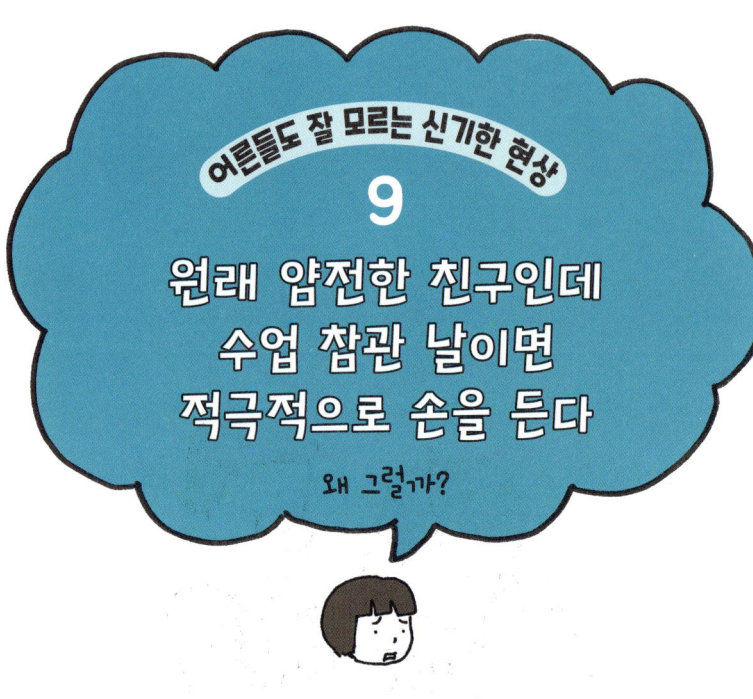

관찰자 효과

주목을 받으면 의욕이나 힘이 생기는 것을 '관찰자 효과'라고 해요. 스포츠 경기에서 선수가 응원을 받으면 단순히 기쁘기만 한 게 아니라 실제로 실력이 올라갑니다. 운동회에서 반 친구를 응원해 주면 평소 이상으로 힘을 발휘할지도 모르니까 대충하지 말고 열심히 응원합시다. 물론 여러분도 응원을 받으면 더 잘할 수 있으니까 온 힘을 다해 응원해 달라고 부탁하세요.

신기한 현상 칼럼

자습 시간에 선생님이 있으면 열심히 공부하다가 선생님이 나가면 노는 것도 '관찰자 효과'와 관련이 있어요. 선생님이 있고 없고에 따라 행동이 달라지죠.

어른들도 잘 모르는 신기한 현상 10

선생님한테 "너도 공부를 잘할 수 있단다!"라는 말을 듣자 성적이 올랐다

왜 그럴까?

피그말리온 효과

심리학자 로버트 로젠탈이 한 초등학교에서 '선생님이 진심으로 기대하면 학생들의 성적이 오를까?'라는 주제로 실험을 한 결과, 그렇다는 결과를 얻었어요. 이를 '피그말리온 효과'라고 해요. 피그말리온은 〈그리스 신화〉에 나오는 피그말리온이라는 왕이 신에게 온 마음을 바쳐 기도했더니 여성 조각상이 진짜 인간이 되었다는 이야기에서 따온 이름이에요. 혼나면서 공부할 때와 칭찬받으며 공부할 때는 의욕도 전혀 달라지는 법이죠.

신기한 현상 칼럼

'피그말리온 효과'와 반대로, 기대는커녕 "너는 정말이지 형편없구나."라는 말을 들은 끝에 성적이 나빠지는 현상을 '골렘(스스로 움직이는 흙 인형) 효과'라고 해요.

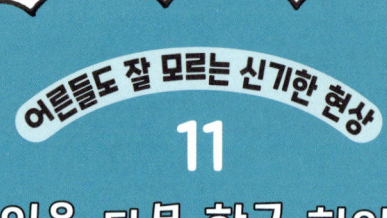

다들 입을 다문 학급 회의 시간, 한 친구가 갑자기 개그를 하자 모두 의견을 내기 시작했다

왜 그럴까?

심리적 안전성

학급 회의 시간에 아무도 의견을 말하지 않아 조용할 때, 선생님이 전혀 엉뚱한 말을 꺼내자 다들 기다렸다는 듯이 의견을 내기 시작해요. 이걸 심리학에서는 '심리적 안전성'이라고 합니다. 회의와 관련이 없는 소리를 해도 혼나지 않는다고 안심하자, 말하기 쉬운 분위기가 만들어진 거죠. 심리적 안전성을 얻으면 자기 생각을 수줍어하지 않고 말할 수 있고 행동에 옮길 수 있어서 공부에도 좋은 영향을 끼친다고 해요.

신기한 현상 칼럼

'심리적 안전성'은 조직 행동학자 에이미 에드먼드슨이 만들어 낸 개념으로, '팀이나 학급 구성원에게 비난을 살 불안감 없이 안심하고 자기 의견을 밝힐 수 있는 상태'를 말해요.

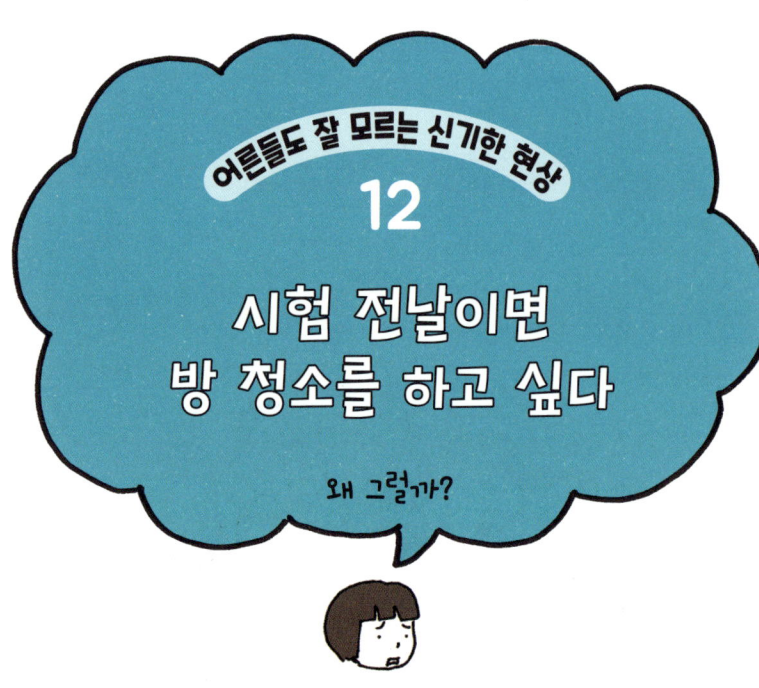

셀프 핸디캐핑

부모님이 청소하라고 시킨 것도 아닌데 시험 공부를 해야 하는 날에 갑자기 방 청소를 하고 싶어져요. 이건 '셀프 핸디캐핑'이라는 마음 작용이에요. 만약 시험 점수가 나쁘더라도 "어제 청소를 해서 그래."라고 스스로 변명할 수 있게 해 두는 거죠. 생각해 보면, 100점을 받을 자신이 있는 시험 전날에는 청소를 하지 않네요.

방 청소도 하고 싶고
여행도 가고 싶어!
이 세상을 내 눈으로
보고 싶어!

시험 공부 이외에는
뭐든 좋구나?

신기한 현상 칼럼

'핸디캡(handicap)'이란 '남과 비교해 불리한 조건'이라는 뜻이에요. '셀프(self)'란 '자기 자신'이라는 의미죠. 따라서 스스로 불리한 상황을 만드는 것이라는 의미가 됩니다.

보너스 퀴즈 ①
현상의 이름을 보고 어떤 현상인지 맞혀 보자!

Q1
크로노스타시스

힌트

시계와 관련 있는 현상이에요.

시계를 볼 때 처음 본 초침이 1초보다 더 길게 멈춰 있는 것처럼 느껴지는 현상이에요. 아기나 다람쥐 같은 작은 동물의 움직임이라든지, 눈을 깜빡일 때까지 인지할 수 있는 모든 것과 연관이 있어요.

▲ **시계 초침이 1초보다 길게 멈춘 것처럼 보인다.**

Q2
링겔만 효과

힌트

운동회를 할 때 자주 생겨요.

운동회나 줄다리기, 릴레이 등 단체 운동을 할 때 특히나 많이 볼 수 있어요. 참여하는 사람의 수가 늘어날수록 개인이 내는 힘의 크기가 점점 작아지는 현상이랍니다. 혼자일 때 더 열심히 해야 한다는 생각 때문에 생긴다고 해요.

▲ **모든 단체운동에서 열심히 해야 하는 이유가 있다.**

친구 사이에서
생기는 신기한 현상

확증 편향

사람이 생각하는 버릇 중에 '확증 편향'이라는 게 있습니다. '편향'이란 '한쪽으로 치우친 경향'이라는 의미예요. 우리는 무의식중에 자기에게 좋은 것만 보고 나쁜 것은 무시하는 경향이 있어요. 그러나 아무리 싫은 사람이라도 좋은 면이 아예 없지는 않아요. 공평한 눈으로 보려고 노력하면 친구가 될 수 있을 거예요.

신기한 현상 칼럼

똑같은 일로 혼나도 좋아하는 선생님이면 '선생님 말씀이 맞아.'
하고 이해하는데 싫어하는 선생님이면 반발하고 싶어지죠…….
이 역시 '확증 편향'이에요.

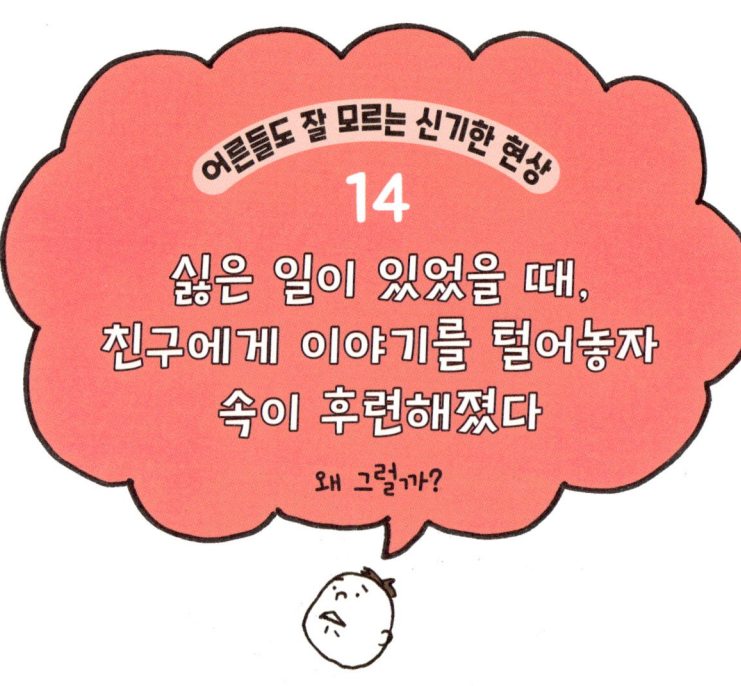

카타르시스 효과

 싫은 일이 생겼을 때 '다른 사람한테 말해 봤자 무슨 소용이람?'이라는 생각에 입을 꾹 다무나요? 친구에게 뭐가 싫었는지 말하면 그냥 이야기만 했을 뿐인데 마음이 편해지는 일이 종종 있어요. '카타르시스 효과' 때문이지요. '정신의 정화'라는 뜻의 그리스어 '카타르시스'에서 이름을 따왔어요. 정신과 의사도 상담자의 초조하고 불안한 심정을 들어주면서 카타르시스 효과를 준답니다.

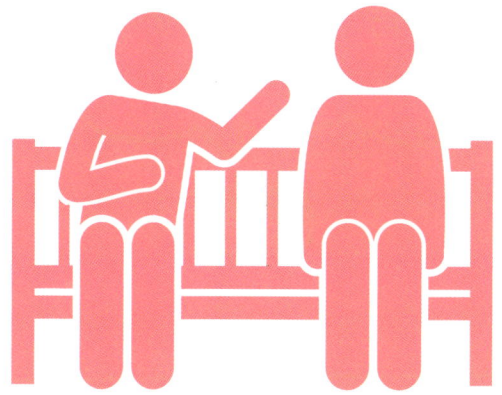

카타르시스를 위해
깔깔거리는 중이야.

…

신기한 현상 칼럼

많은 연구자가 분노를 무작정 털어놓으면 '카타르시스 효과'를 얻을 수 없다고 주장해요. 자기 마음을 이야기하는 것이 중요해요. 싸우라는 소리가 아니랍니다.

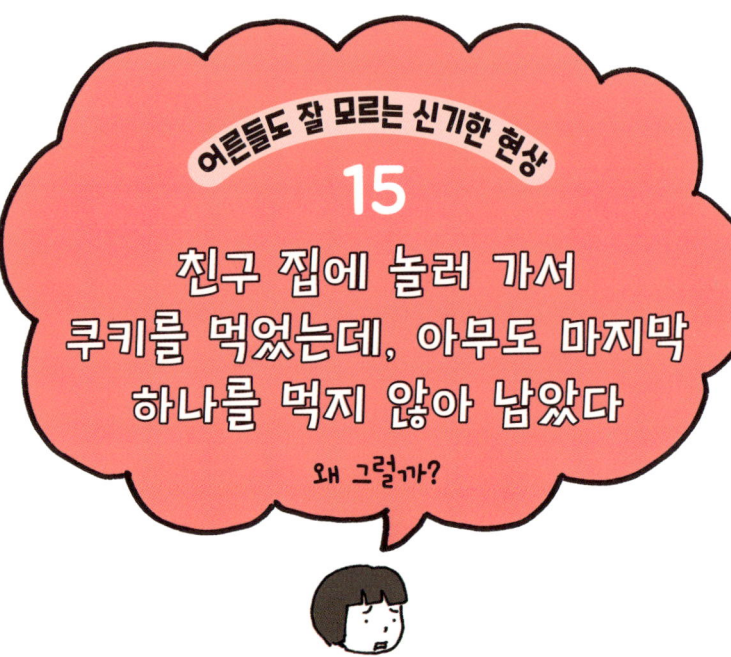

양보의 결정체

접시에 담긴 마지막 남은 음식 하나를 일본의 간사이 지방에서는 '양보의 결정체'라고 불러요. 언제부터 이런 말을 쓰기 시작했는지는 확실하지 않습니다. 마지막 하나를 '모두가 사양하고 양보한 결과'라고 생각한 거겠죠. '이걸 내가 먹어 버리면 다들 날 어떻게 생각할까?' 하고 남이 나를 어떻게 볼지 걱정하는 상황이니까 여러분이 과감하게 먹으면 오히려 고마워할지도요?

신기한 현상 칼럼

일본에서 이와 비슷한 의미로 쓰는 또 다른 말이 '간토 지방의 나머지'입니다. 일본의 수도인 도쿄가 있는 간토 지방 사람들은 허세를 잘 부린다는 속설이 있어요. 진짜인지 거짓말인지는 몰라요.

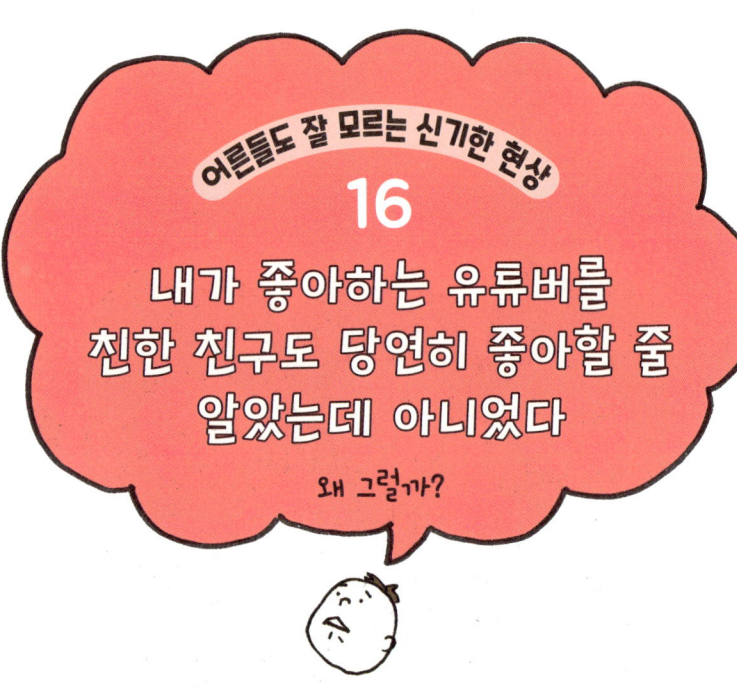

허위 합의 효과

내가 좋아하는 것을 다들 좋아한다고 믿는 심리를 '허위 합의(거짓 혹은 허구 의견의 일치) 효과'라고 해요. 특히 사이좋은 친구 사이에서 이런 현상이 잘 일어난다고 해요. 아무리 사이가 좋아도 친구와 내가 똑같이 생각할 리는 없죠. '친구도 틀림없이 이렇게 생각할 거야.' 하고 혼자 짐작하기 전에 친구에게 직접 확인해야 우정이 더욱 깊어질 거예요.

신기한 현상 칼럼

'허위 합의 효과'와 반대로 자기 자신을 소수파이며 남들과 다르다고 믿는 것을 '허위 독특성(거짓 혹은 허구 의견의 차이) 효과'라고 해요.

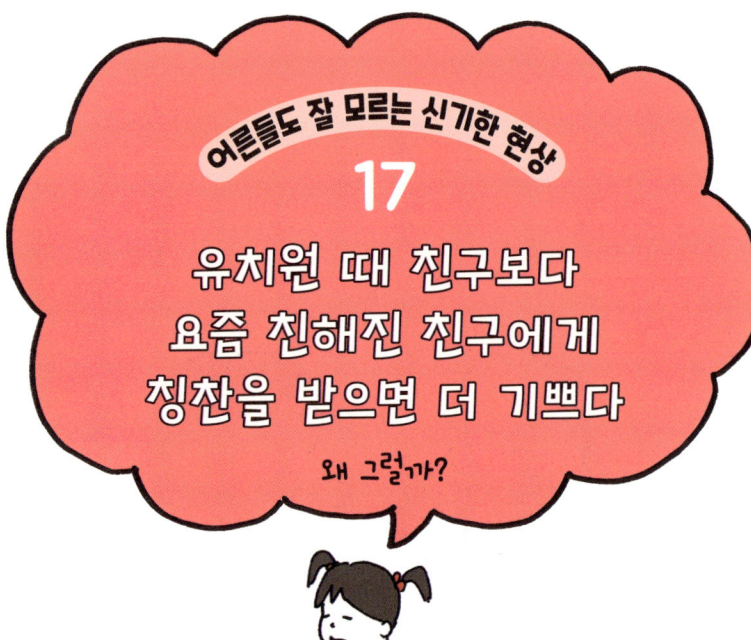

애런슨 부정의 법칙

우리는 그다지 친하지 않은 사람에게 칭찬받으면 더 기쁘게 여기는 경향이 있어요. 이런 마음 작용을 발견한 사람은 사회 심리학자인 엘리엇 애런슨이에요. 그래서 이 현상을 '애런슨 부정의 법칙'이라고 부르죠. 만약 최근 알게 된 사람과 친해지고 싶다면 상대를 칭찬하는 게 지름길입니다. 또 오랫동안 서먹했던 친구와도 이 법칙을 쓰면 가까워질 수 있으니 한번 시도해 보면 어떨까요?

신기한 현상 칼럼

아무리 찾아도 칭찬할 점이 안 보이는 상대라면 그 사람이 가지고 있는 물건이나 가족을 칭찬하는 것도 좋아요.

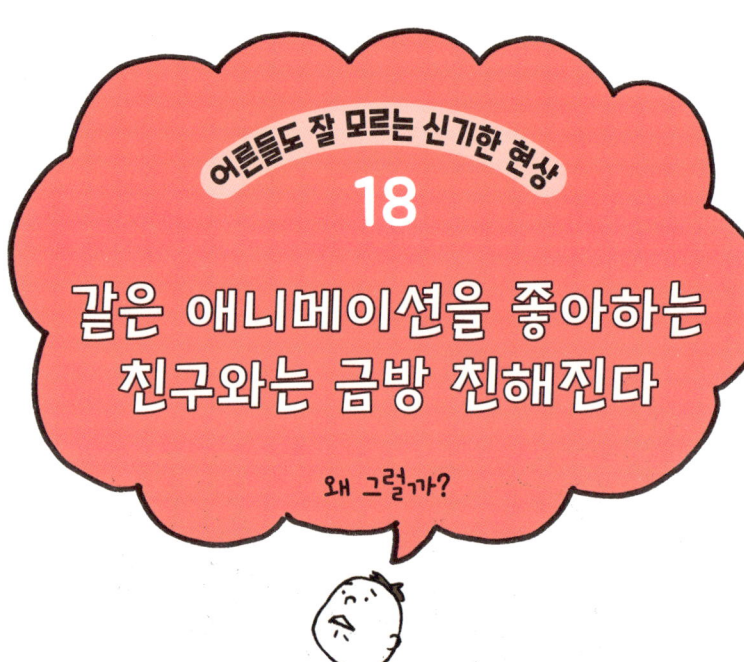

어른들도 잘 모르는 신기한 현상
18

같은 애니메이션을 좋아하는 친구와는 금방 친해진다

왜 그럴까?

유사성 효과

우리는 자신과 생각이 비슷한 사람, 예를 들어 같은 취미를 즐기는 사람을 좋아하고 또 금방 친해져요. 이걸 심리학에서는 '유사성 효과'라고 해요. 공통점이 많으면 많을수록 이 효과가 강하게 작용해요. 왜냐하면 공통점이 많은 상대를 보면서 나 역시 옳다고 생각되면서 안심할 수 있거든요. 그러니 친한 친구를 많이 사귀고 싶다면, 먼저 서로 공통점을 알아보는 대화를 나누면 좋겠죠?

신기한 현상 칼럼

자존심이 강한 사람은, 반대로 상대방이 자신과 닮지 않기(비유사성)를 원하기도 한대요. 상대와 다르다는 것에서 자기 자존심이 채워지기 때문이죠.

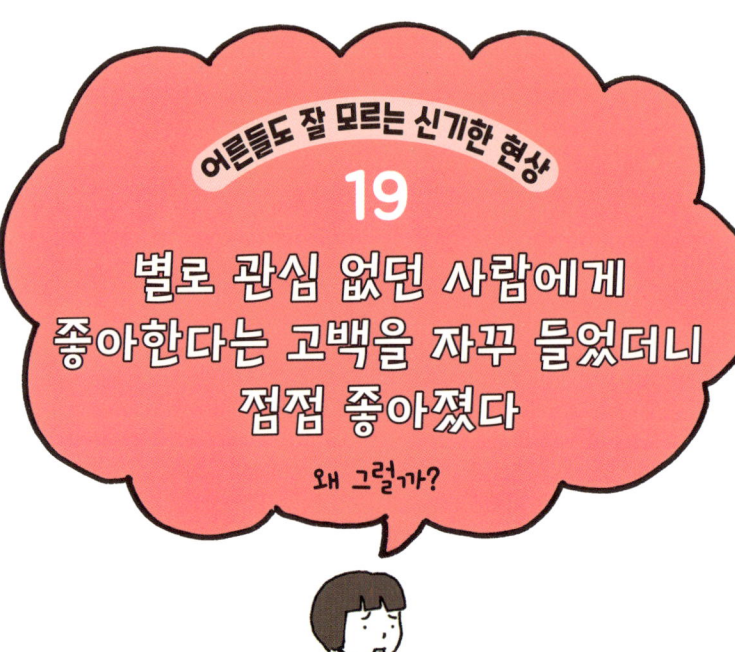

호의의 보답성

 지금까지 전혀 관심이 없었던 사람에게 "좋아해."라는 말을 들으면 자기도 차츰 그 사람이 좋아지는 경험을 해 본 적 있나요? 이건 '호의의 보답성'이라는 마음 현상이에요. 받은 호의를 상대에게 돌려주고 싶어지는 거죠. 연애 관계뿐 아니라, 친구 사이에도 좋아한다고 말하면 사이가 금방 좋아져요. 원래 우리에게는 남이 뭔가 해 주면 그 보답으로 다음에 내가 무엇이든 해 주고 싶어지는 마음이 있답니다.

매일 좋아한다고 말하는데
대답을 안 해 줘….

아, 그래?

신기한 현상 칼럼

'호의의 보답성'을 효과적으로 사용하려면 '애런슨 부정의 법칙'(P42)과 조합하면 좋아요. 한마디로, 만나고 얼마 지나지 않아 고백하는 거죠.

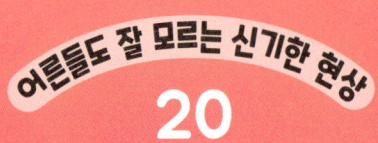

20

평소에는 무서운 선생님이
다정하게 웃으며 강아지와 산책하는
모습을 보자 가슴이 찡했다

왜 그럴까?

게인 로스 효과

언제나 다정한 사람이 다정하게 대해 주면 시큰둥한데, 평소 쌀쌀맞은 사람이 다정하게 대해 주면 반하고 말죠. 이건 '게인 로스 효과'로, '게인(얻다) 효과'와 '로스(잃다) 효과' 이 두 가지를 합친 거예요. 좋은 면과 나쁜 면의 차이가 클수록 사람의 감정에 주는 영향도 그만큼 커져요. 무서운 사람에서 다정한 사람으로 인상이 달라진 선생님은 특히 '더 좋은 사람'으로 보이죠.

신기한 현상 칼럼

'게인 로스 효과'를 기대해서 일부러 나쁜 첫인상을 주려고 행동하면 안 돼요. 첫인상이 나쁜 사람과는 굳이 또 만나서 말하고 싶지 않거든요.

보너스 퀴즈 ②
현상의 이름을 보고 어떤 현상인지 맞혀 보자!

Q3
램스덴 현상

힌트

어떤 마실 것을 데울 때 생기는 현상이에요.

우유를 따뜻하게 데우면 표면에 얇은 막이 생겨 숟가락 등으로 걷어내야 할 정도로 두꺼운 막이 형성돼요. 이를 '람스덴 현상'이라 하며, 주로 40℃ 이상으로 데워야 막이 생긴답니다.

▲ 따뜻한 우유 위 막이 생겨요!

Q4
안전 암흑감

힌트

어질~한 그거예요!

자리에서 갑자기 일어날 때 눈 앞이 캄캄해지거나 어지러움을 느낀 적 있나요? 이는 '안전 암흑감'인데, 몸을 움직일 때 순간적으로 뇌에 혈액이 부족해져 발생하는 현상이에요.

▲ 아찔함이 들어요!

집에서
생기는 신기한 현상

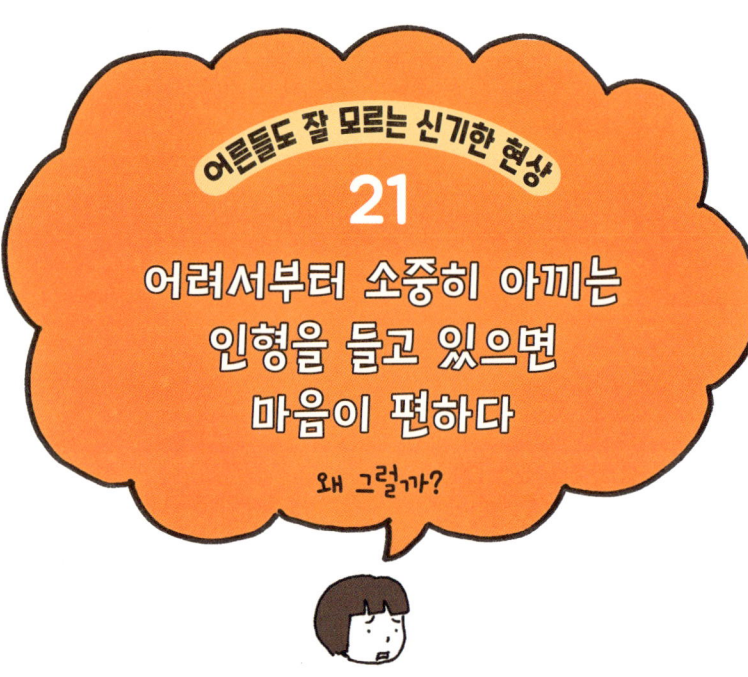

애착 물건

2~3세 유아가 엄마 젖을 뗄 때, 아기 곁에 인형이나 수건을 엄마 대신 놓아 주면 안심해요. 심리학에서는 이런 물건을 '애착 물건'이라고 해요. 환경 변화에 느끼는 불안감을 물건으로 달래 주는 거죠. '애착 물건'을 갖고 다니는 유아는 조금씩 자립을 하는 중이기도 해요. 초등학교를 졸업할 때가 되었는데 여전히 애착 담요를 아껴도, 병은 아니니까 걱정하지 마세요.

신기한 현상 칼럼

우리에게는 '스누피' 캐릭터로 유명한 미국의 만화 〈피너츠〉에 나오는 라이너스라는 캐릭터가 항상 담요를 들고 다녀요. 그래서 애착 담요를 '라이너스의 담요'라고도 불러요.

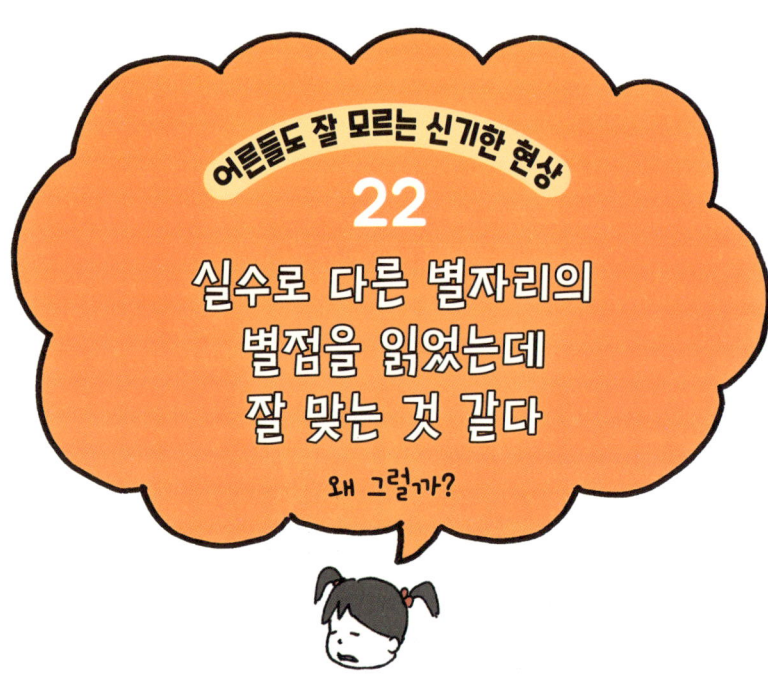

바넘 효과

혈액형이나 심리테스트를 했을 때, 누구에게나 적용할 수 있는 성격을 나에게만 딱 맞는다고 느끼는 현상을 '바넘 효과'라고 해요. 바넘 효과는 19세기 미국 서커스단에서 성격을 맞히는 일을 하던 바넘의 이름에서 따온 심리학 용어예요. 바넘이 "우리는 누구에게나 들어맞는 무언가를 가지고 있다."라고 한 말에서 유래한 현상이죠. 점을 볼 때 족집게처럼 잘 맞힌다는 생각이 들면, 혹시 바넘 효과일지도 몰라요.

신기한 현상 칼럼

'바넘 효과'를 실험한 미국의 심리학자 버트럼 포러의 이름을 따 '포러 효과'라고도 해요.

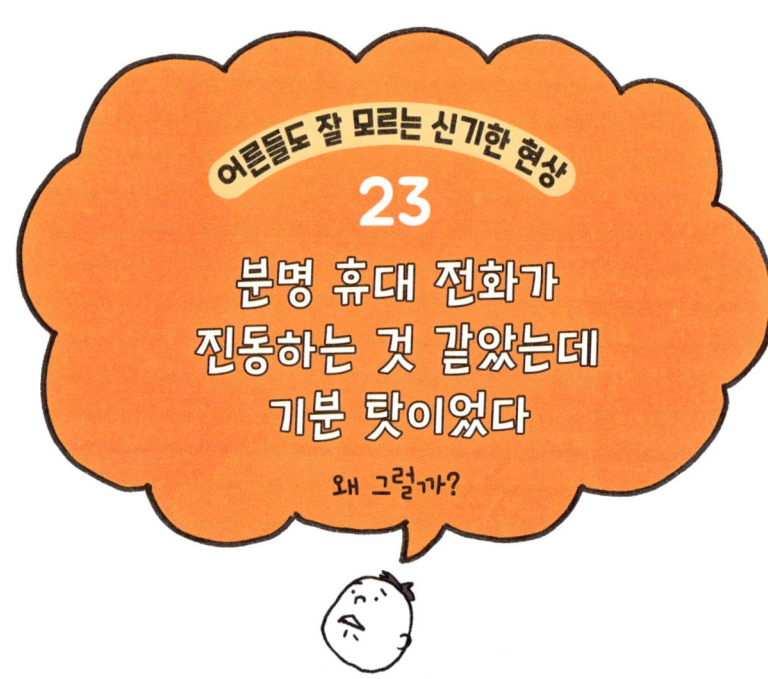

유령 진동 증후군

조금 부끄러운 이 현상에는 '유령 진동 증후군(팬텀 바이브레이션 신드롬)'이라는 멋진 이름이 붙었어요. 평소 휴대 전화에 연락이 오는지 신경을 쓰는 사람일수록 진동에 민감해져서, 조금만 진동이 느껴져도 전화가 왔다고 착각합니다. 그럴 때 "나, 유령 진동 증후군인가 봐……."라고 말하면 멋있어 보이겠죠? 추천합니다.

신기한 현상 칼럼

'유령 진동 증후군(팬텀 바이브레이션 신드롬)'이라는 말을 처음으로 한 사람은 캐나다의 웹 개발자 스티븐 개리티예요.

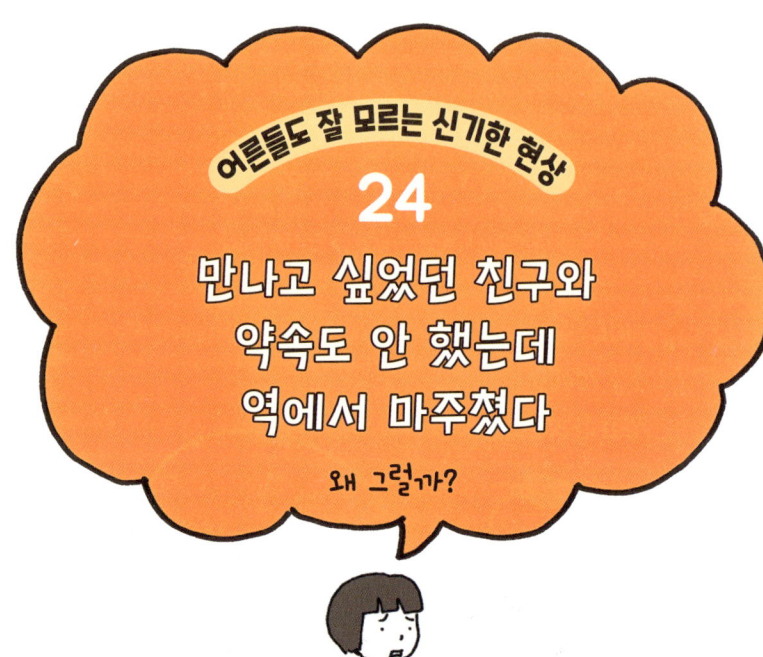

싱크로니시티

이 세상에는 신기한 우연이 있죠? '친구와 만나고 싶다'와 '일이 있어 역에 간다'와 '친구도 역에 있다' 세 가지 우연이 겹치면 전혀 생각하지 못했던 일이 벌어져요. 심리학자 융은 전혀 관계없어 보이는 일이 동시에 벌어지는 이러한 현상을 '싱크로니시티(의미 있는 우연)'라고 했어요. 우연 속에서 의미를 발견하면 싱크로니시티, 발견하지 못하면 단순한 우연이에요. 보고 싶었던 친구와 우연히 만났다면 싱크로니시티예요.

신기한 현상 칼럼

'오늘 저녁에 카레 먹고 싶은데.'라고 생각하며 집에 왔더니 저녁 메뉴가 카레이거나, 친구를 위해 산 생일 선물이 다른 친구의 선물과 겹치거나……. 이런 일도 '싱크로니시티'예요.

내추럴 하이

다른 때라면 자고 있을 시간에 계속 깨어 있는데도 신기하게 마구 활기가 넘치죠. 이 상태를 '내추럴 하이'라고 해요. 뇌가 지친 몸을 속이려고, 흥분 물질인 '도파민'과 '아드레날린'을 잔뜩 방출해 졸음을 잘 못 느끼게 하는 거예요. '내추럴 하이' 상태가 지나면, 너무 지치고 졸려서 꼼짝하지 못할 수도 있으니까 밤도 적당히 새워야겠어요……

시간이 이렇게 늦었는데 하나도 안 졸려! 야호!

신기한 현상 칼럼

'내추럴 하이'는 'Natural=자연스러운 상태'와 'High=고양'을 합쳐 만든 말인데, 사실 영어권에는 없는 말이에요. 미국에서 쓰면 통하지 않는답니다.

언더독 효과

스포츠 경기를 볼 때 이기는 쪽이 아니라 지는 쪽을 응원하고 싶을 때가 있어요. '언더독(질 것 같은 사람) 효과'라는 마음 상태예요. 개들의 싸움에서 밑에 깔린 개가 이기기를 바라는 마음에서 유래했다고 해요. 그런데 언더독 효과는 그 팀이나 선수가 단순히 약하다고 생기는 건 아니에요. 지는 쪽 선수가 열심히 하는 모습이나 필사적인 모습을 보일 때, 연민을 느끼며 응원하고 싶어지죠.

신기한 현상 칼럼

'언더독 효과'와 반대로 어떤 의사 결정 과정에서 강자나 많은 사람이 지지하는 쪽을 응원하는 현상을 '밴드 왜건 효과(p.82)'라고 해요.

권위주의적 퍼스낼리티

　유명한 사람이 하는 말이라면 뭐든 옳다고 여기는 성격을 '권위주의적 퍼스낼리티'라고 해요. 이런 성격의 사람은 자기보다 약한 사람을 자꾸만 공격하는 면도 있어요. 더욱 큰 문제점은 스스로 생각하지 않고 권위 있는 사람을 따르려는 면이죠. '유명한 사람이 하는 말이라고 해서 정말로 옳을까?', '유명한 사람이 하라는 대로 행동하면 과연 괜찮을까?'를 먼저 차분히 생각해야 해요.

신기한 현상 칼럼

'권위주의적 퍼스낼리티'는 정신 분석학자이자 사회 심리학자인 에리히 프롬이 만든 개념이에요.

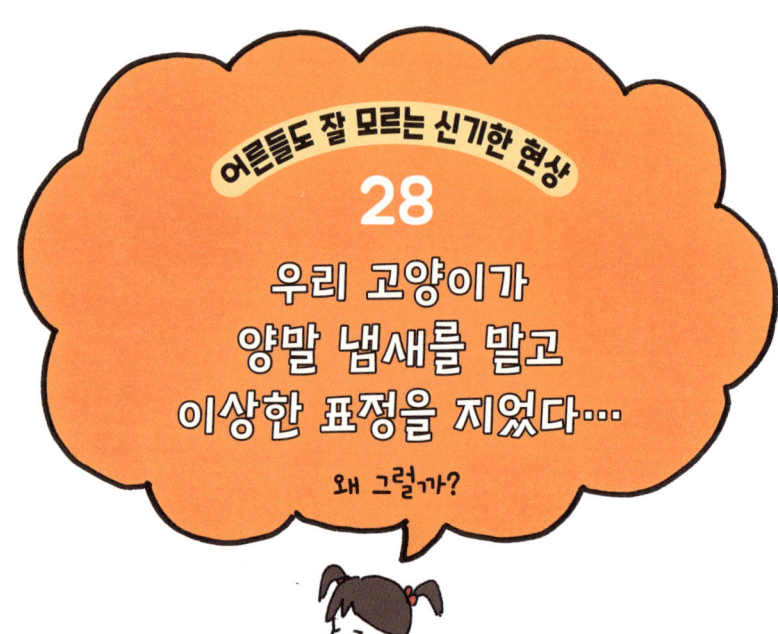

플레멘 반응

때로 고양이가 입을 벌려 재채기하기 직전 같은 이상한 표정을 지을 때가 있죠. 같은 종류의 동물끼리 정보를 주고받는, '페로몬'이라는 냄새 물질을 맡는 '야콥슨 기관'이 반응해서 일어나는 현상이에요. 이런 현상을 '플레멘 반응'이라고 합니다. 양말 냄새를 맡은 고양이의 반응이 플레멘 반응이죠. 인간의 땀에 페로몬과 비슷한 성분이 들어 있거든요.

> 신기한 현상 칼럼

참고로 우리 인간은 야콥슨 기관이 퇴화했기 때문에 '플레멘 반응'이 일어나지 않아요. 남 앞에서 괴상한 표정을 짓지 않아도 되니, 퇴화한 게 다행이네요.

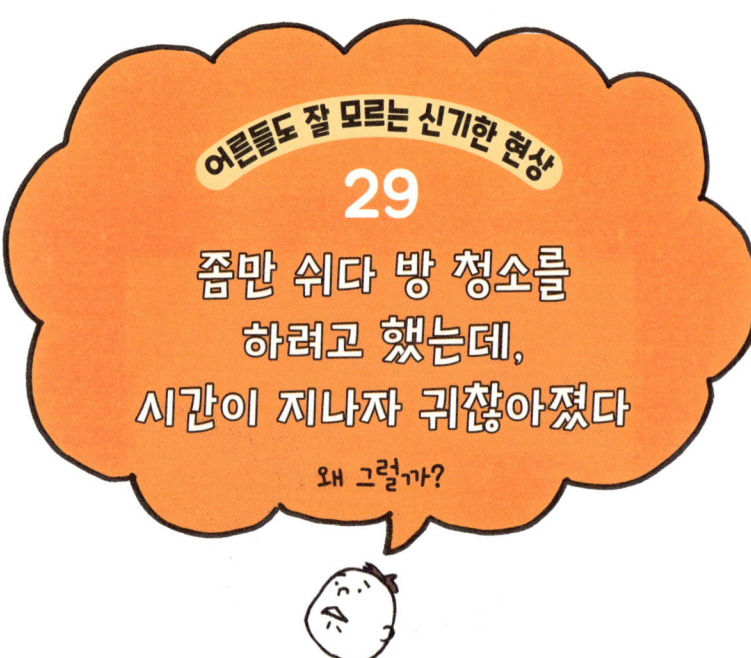

에밋의 법칙

경영 상담사 에밋은 "할 일을 나중으로 미루면, 곧바로 할 때보다 몇 배의 시간과 에너지가 든다."라고 말했어요. 이것이 '에밋의 법칙'이에요. 방 청소를 나중으로 미루면 방이 점점 더 지저분해져요. 그러면 정리하는 데 시간이 걸릴 뿐 아니라, 물건을 찾고 싶어도 도무지 어디 있는지 보이지 않을 거예요. 그렇게 점점 문제가 커지고, 해야 할 일도 늘어나겠죠.

'지금 바로 해야 할 일'의
목록을 적었어!

이걸 벽에 붙이는 건…
내일 할까.

신기한 현상 칼럼

'나중에 해야지!' 하는 생각을 멈추는 요령은, 먼저 "지금부터 ○○를 할 거야!" 하고 선언하는 거예요. 가족이나 친구에게 말하면 뒤로 물러설 수 없으니 시작할 수 있죠.

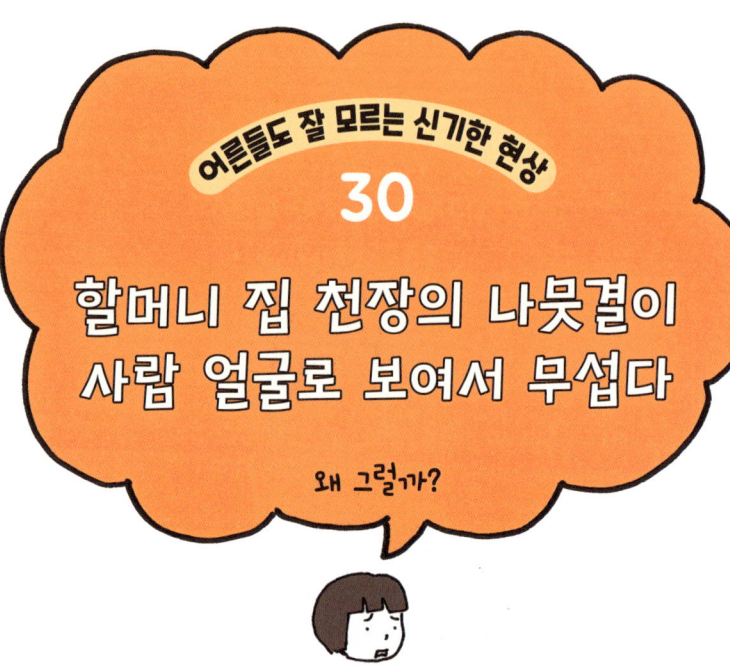

시뮬라크르 현상

천장에 있든 어디에 있든, 이런 점 '∴' 세 개를 물끄러미 바라보면 사람 얼굴처럼 보일 때가 있어요. '시뮬라크르(비슷한 상) 현상'이라는 인간의 습성이에요. 점 세 개를 모아 역삼각형으로 배치하면 얼굴이라고 인식하죠. 이런 습성은 역사가 깊어요. 아주 예전에는 다른 사람이나 동물의 얼굴만 보고 적인지 아닌지 즉시 알아채야 살아남을 가능성이 컸기 때문이라고 해요.

신기한 현상 칼럼

생선의 머리가 인간 얼굴처럼 보인다고 해서 큰 화제를 모았던 '인면어'도 이 현상이고, 귀신이 찍힌 것처럼 보이는 심령 사진도 시뮬라크르 현상 때문인 경우가 많아요.

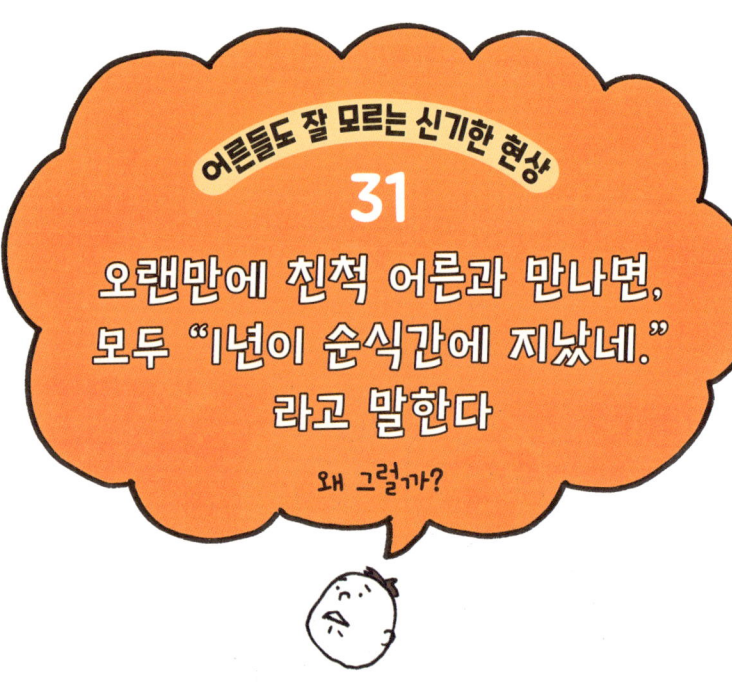

자네의 법칙

 학교 여름방학은 참 순식간에 지나가는 것 같죠? 그런데 어른의 감각은 훨씬 더 빨라요. 철학자 폴 자네가 처음 생각했고, 조카인 심리학자 피에르 자네가 책으로 소개한 '느끼는 시간의 길이는 나이와 반비례한다.'는 학설이에요. '자네의 법칙'이죠. 10세의 1년은 전체 인생의 10분의 1이지만, 50세의 1년은 전체 인생의 50분의 1이죠. 따라서 50세의 1년은 10세의 1년보다 다섯 배나 빠르게 느껴져요.

신기한 현상 칼럼

'자네의 법칙'을 적용하면, 체감 시간으로 따져 100세인 사람의 인생 한가운데는 20세, 80세인 사람의 인생 한가운데는 10세가 된다고 해요. 이야, 계산한 사람도 놀랐겠어요.

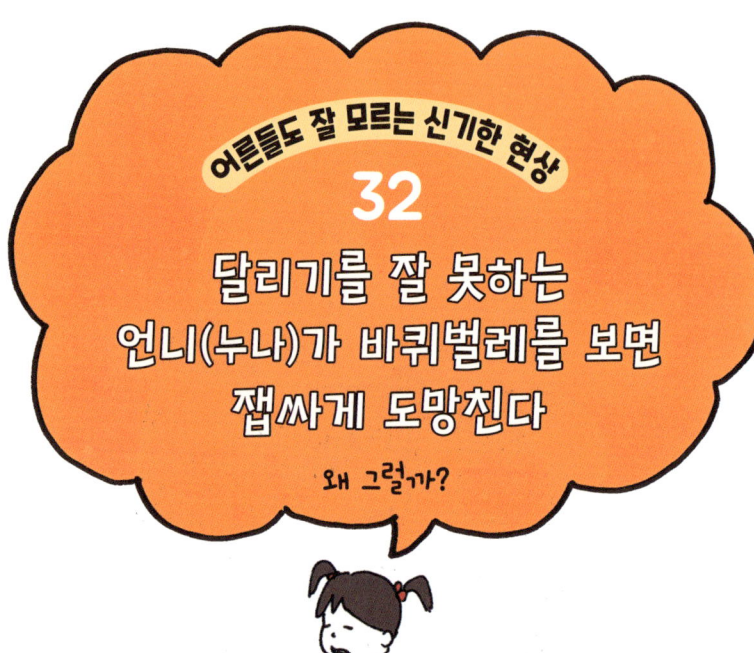

위기 상황에 솟구치는 초능력

위험한 상황이 닥치면, 평소에는 상상도 하지 못할 힘이 나올 때가 있죠. 이 '위기 상황에 솟구치는 초능력'은 과학적으로도 증명된 현상이에요. 인간의 몸은 보통 20~30퍼센트의 힘만 내고 나머지를 저장해요. 100퍼센트의 힘을 내면 근육이 망가지기 때문이지요. 여러분의 언니(누나)도 바퀴벌레라는 '공포'에서 다급하게 도망치려고 평소에 쓰지 않는 힘을 발휘한 거예요.

신기한 현상 칼럼

'위기 상황에 솟구치는 초능력'을 '불났을 때 나오는 괴력'이라고 표현하기도 해요. 집에 불이 나자, 무거운 가구를 들고 도망친 사람이 있어서 생긴 말이에요.

보너스 퀴즈 ③
현상의 이름을 보고 어떤 현상인지 맞혀 보자!

Q5
할로 효과

힌트

할로는 '후광(신상이나 불상 뒤에서 비치는 신비로운 빛)'이에요.

A 어떤 대상의 두드러진 특징이 그 사람의 다른 부분을 평가하는 데에도 영향을 주는 현상이에요.

Q6
끓는 물 속의 개구리 현상

힌트

정치나 사업에서 쓰는 말이에요.

A 개구리를 뜨거운 물에 넣으면 바로 뛰쳐나가지만, 찬물에 넣고 서서히 온도를 높이면 위험을 감지하지 못하고 결국 죽고 맙니다. 그런데 실제로는 끓는 물이나 찬물 모두에서 개구리는 뛰쳐나온다고 해요.

4장
외출했을 때
생기는 신기한 현상

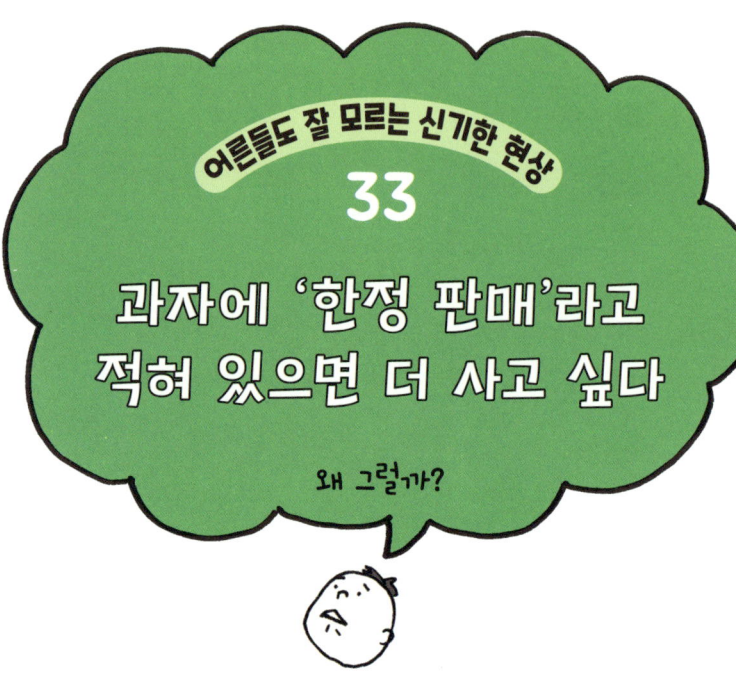

희소성 원리

사실 '희소성 원리'는 지금 아니면 살 수 없을 것만 같은 사람의 마음을 이용해 상품을 사도록 유인하는 기술이에요. 미국 심리학자 로버트 치알디니는 손에 넣지 못하는 것일수록 갖고 싶어지는 마음 작용을 희소성 원리라고 했어요. '희소성'이란, '수가 적은 상태'라는 뜻이에요. 어렸을 때는 신기한 과자 정도지만, 어른이 되면 더 값비싼 물건에 눈이 가게 되니까 부디 냉정해집시다.

신기한 현상 칼럼

인기가 많아 쉽게 구할 수 없는 게임기처럼, 살 수 없는 물건은 괜히 더 갖고 싶죠. 이 마음 작용 역시 '희소성 원리' 때문이에요.

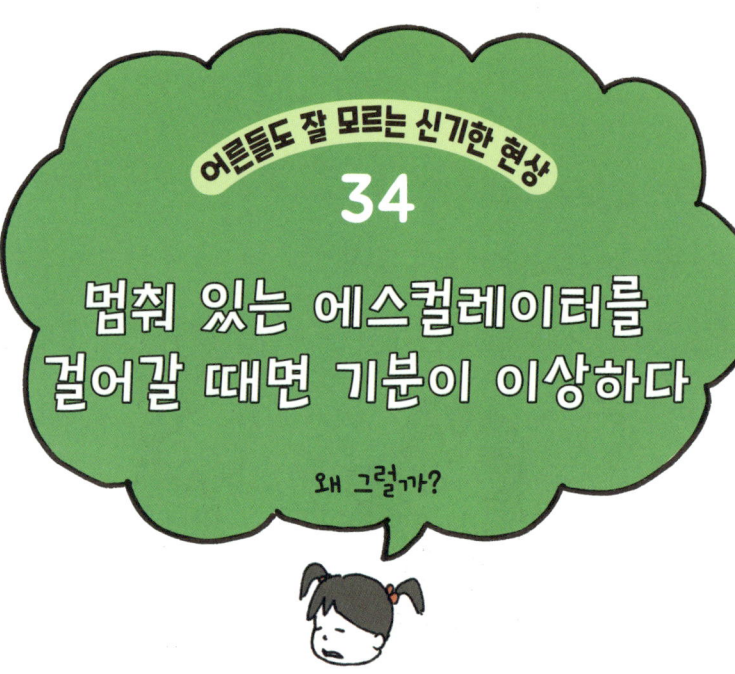

에스컬레이터 효과

멈춰진 에스컬레이터를 평범한 계단처럼 걸어 올라가면 기분이 이상해지죠. 이를 '에스컬레이터 효과'라고 해요. 보기에는 멈춰 있으나, 뇌 일부에서 에스컬레이터는 원래 움직이는 물체로 생각하기 때문에 생기는 현상이에요. 멈춰진 자동 보도(무빙워크) 위를 걸어갈 때도 이 현상이 일어나요. 자동 보도를 처음 딱 밟을 때, 왠지 모르게 불편한 기분이 들죠?

뇌는 생각보다
잘 속는구나.

신기한 현상 칼럼

이런 현상이 일반적인 계단의 모양을 에스컬레이터처럼 바꿔도 일어난다는 실험 결과도 있다고 해요. 뇌의 편견은 생각보다 뿌리 깊네요.

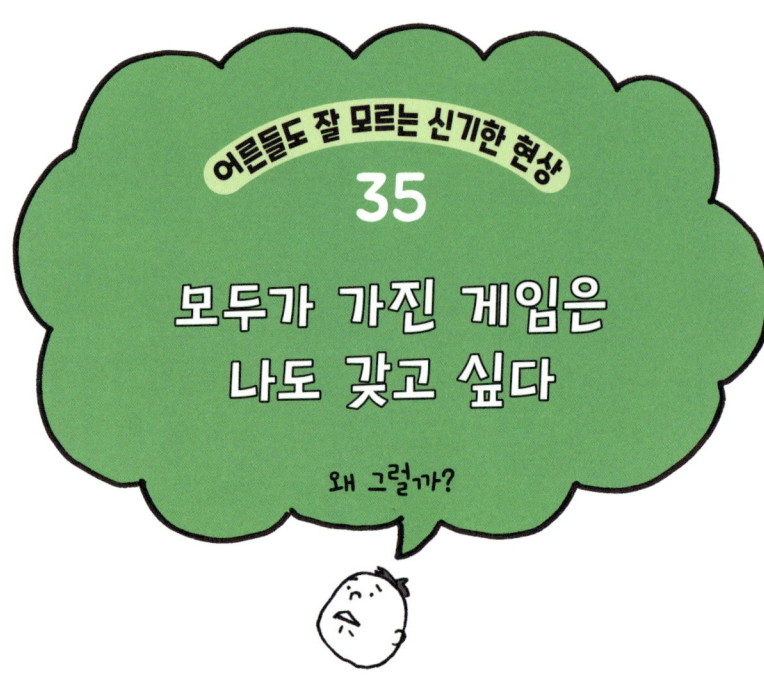

밴드 왜건 효과

　많은 사람이 가지고 있을수록 점점 더 인기가 생기는 현상을 미국 경제학자 하비 라이벤스타인은 '밴드 왜건(행렬 제일 앞에서 음악을 울리는 차) 효과'라고 했어요. 별로 갖고 싶었던 게임도 아닌데 반 친구들이 다 가지고 있으니까 갑자기 갖고 싶어지죠. 이유는 그 게임을 소유함으로써 안심할 수 있고, 친구들과 함께한다는 연대 의식을 얻을 수 있어서예요. 그래도 그 게임이 여러분에게 꼭 필요한지 잘 생각해 보세요.

> 신기한 현상 칼럼

밴드 왜건 효과의 반대말이 '언더독 효과(p.62)'예요. 이 두 가지를 이용해 사람들 마음에 영향을 주어 행동을 바꾸게 하는 것을 '어나운스먼트 효과(공표 효과)'라고 합니다.

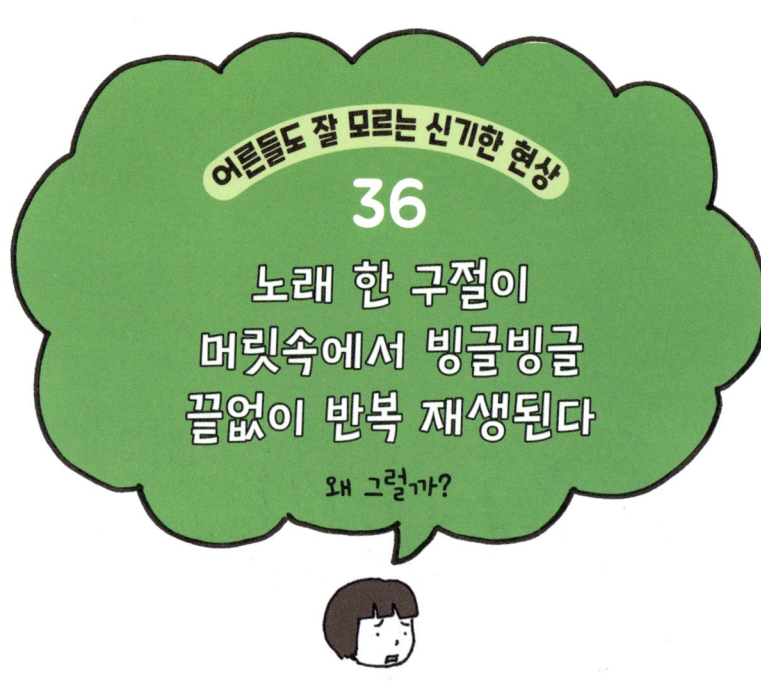

이어웜

갑자기 어떤 노래가 머릿속에서 계속 끝도 없이 맴도는 경험, 누구나 해 봤을 거예요. '이어웜(귓속 벌레)'이라는 현상으로, 아직 원인은 밝혀지지 않았어요. 그래도 이어웜을 멈추는 효과적인 방법이 몇 가지 있으니 소개할게요. 첫 번째 껌을 씹는다. 두 번째 다른 음악을 듣는다. 세 번째 다른 일에 집중한다. 네 번째 멈출 때까지 머릿속에서 계속 재생한다……. 어때요, 노래가 멈췄나요?

> ### 신기한 현상 칼럼

'이어웜'은 영어로 귀를 뜻하는 '이어(ear)'와 애벌레를 뜻하는 '웜(worm)'을 합친 말이에요. 귓속에 애벌레가 떡 하니 들어가 나오지 않는 이미지에서 따온 말이래요.

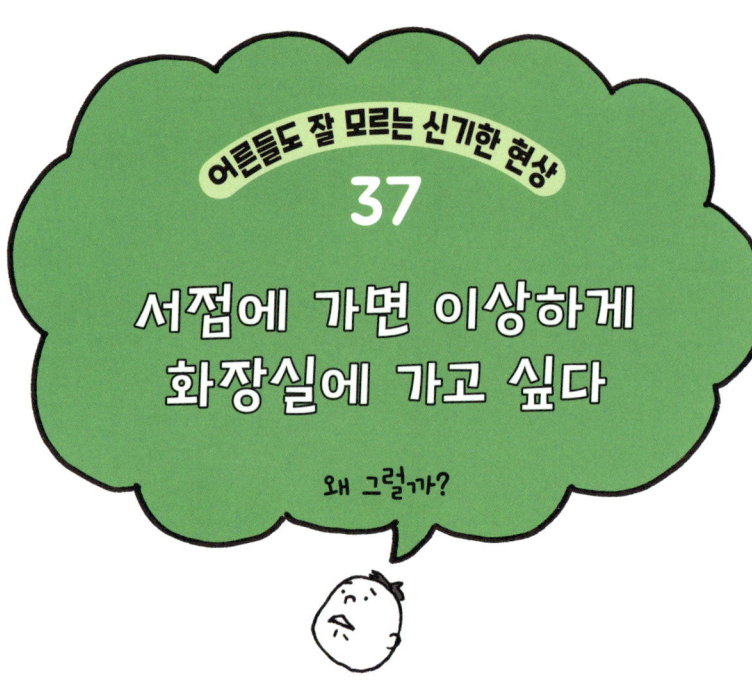

아오키 마리코 현상

 일본 월간지에 한 독자가 '서점에 가면 화장실에 가고 싶어지는 현상'에 관한 글을 썼어요. 이 글이 큰 호응을 얻자, 다음 달 같은 잡지에서 이 현상을 '아오키 마리코 현상'이라고 이름 지었죠. 잉크의 냄새 때문이다, 혹은 책을 고르느라 긴장하기 때문이라는 가설도 있으나, 아직 원인은 밝혀지지 않았어요. 이상한 현상을 새롭게 발견하면 여러분의 이름이 붙은 현상이 전 세계적으로 유명해질 수도 있겠어요.

신기한 현상 칼럼

'아오키 마리코 현상'을 놓고 의사들 사이에서도 "병이라고 볼 수 없어."와 "아니, 어쩌면 숨겨진 질병의 증상 중 하나일지도 몰라."로 의견이 나뉜다고 해요.

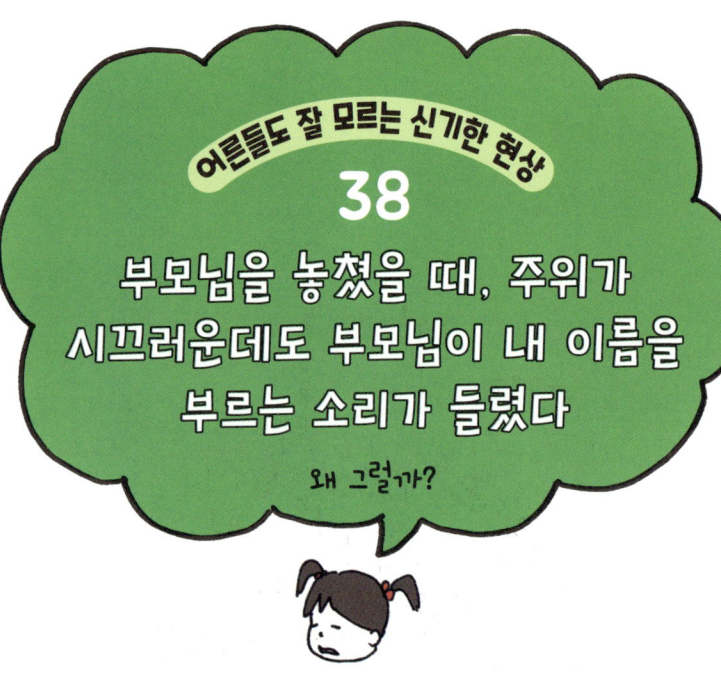

칵테일 파티 효과

쉬는 시간에 다들 왁자지껄 떠드는데 자기 이름이 또렷하게 들린 적 있지 않나요? 영국 심리학자 콜린 체리는 이 현상을 '칵테일 파티 효과'라고 했어요. 사람은 의식해서 대화를 듣지 않아도 무의식적으로는 듣고 있어서, 자기와 관련 있는 이야기가 나오면 자연스럽게 거기에 집중할 수 있어요. 무의식의 힘은 참 대단하네요. 그렇지만 우선 부모님을 놓치지 않도록 조심해야겠죠?

신기한 현상 칼럼

'칵테일 파티'란, 칵테일 같은 술이 나오는 파티를 말해요. 언젠가 그런 멋진 파티에서 이름이 불리면 좋겠어요.

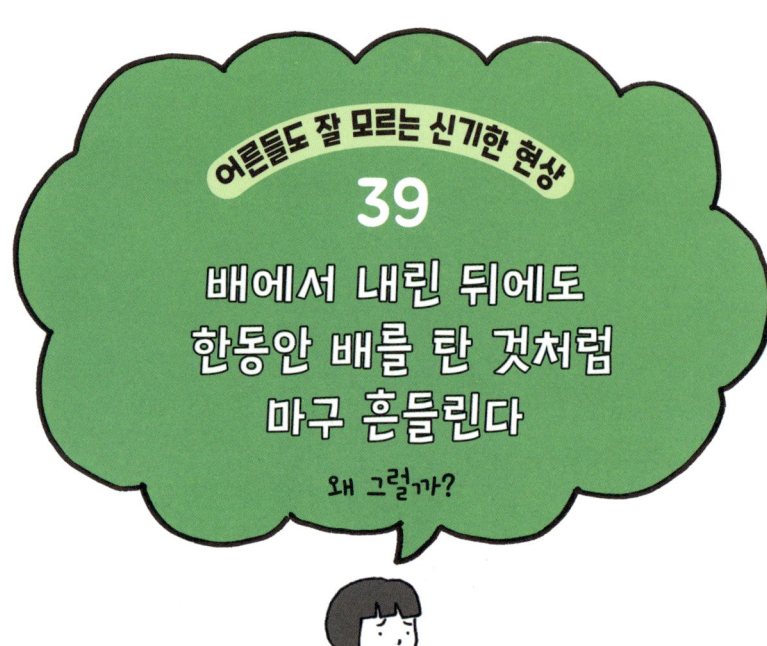

땅 멀미

배를 오래 타다가 땅에 내려서면 몸이 계속 흔들리는 것처럼 느껴져요. '땅 멀미'라는 현상인데, 흔들리는 환경에 이미 익숙해져서 원래 상태로 돌아갔을 때 몸이 미처 적응하지 못해 생긴다고 해요. 병이 아니니까 금방 괜찮아지는데, 이런 상태일 때는 넘어지기 쉬우므로 배에서 내리면 잠깐 쉬었다가 걷는 게 좋겠어요.

내가 흔들리는 건지
땅이 흔들리는 건지
모르겠어….

신기한 현상 칼럼

지진이 나지 않았는데 흔들림을 느끼는 것을 '지진 멀미'라고 해요. 뇌가 지진의 강한 흔들림을 기억한 탓에 감각 정보를 정리하는 기능이 떨어졌거나, 혹은 스트레스를 받아서 생기기도 해요.

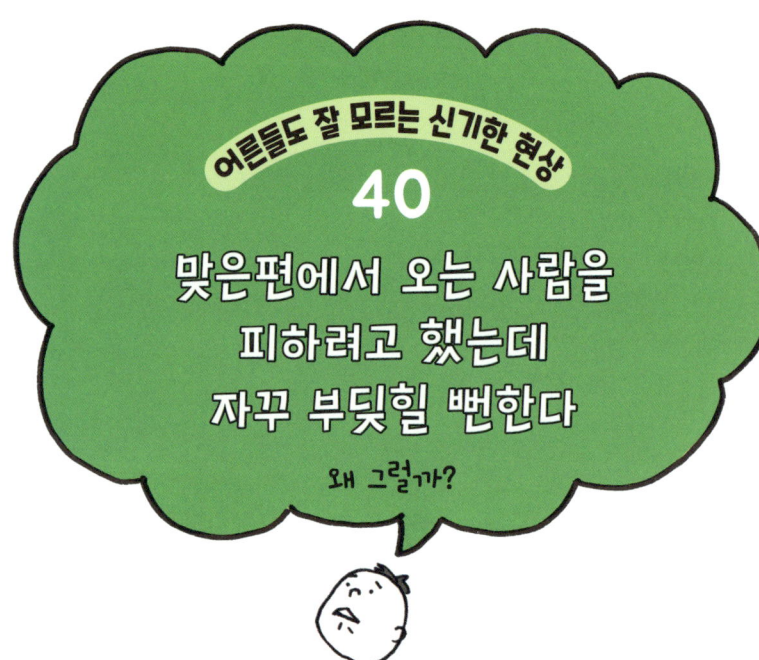

연속 회피 본능

'연속 회피 본능'이라는 현상이에요. 학교 복도를 걷는데 맞은편에서 사람이 오면 피해야죠. 그때 두 사람 다 우연히 같은 방향으로 피하면 '전과 똑같은 행동을 하기 싫어하는 인간 본능'이 작용해요. 그러면 몸이 멋대로 움직여서 이번에는 둘 다 처음과 반대 방향으로 피하려고 하죠. 그 결과, 자꾸만 부딪힐 뻔해서 멋쩍어져요. 이때 "뭐냐고!" 화를 내지 말고, 싱긋 웃으면 그 사람과 친구가 될 수 있을지도요.

신기한 현상 칼럼

이런 상황일 때는 같은 방향으로 한 번 더 피하는 게 좋아요. 그런데 상대방도 '연속 회피 본능'을 알아서 마찬가지로 같은 방향으로 움직인다면? 그때는 멈춰 서서 길을 양보하는 편이 낫겠죠.

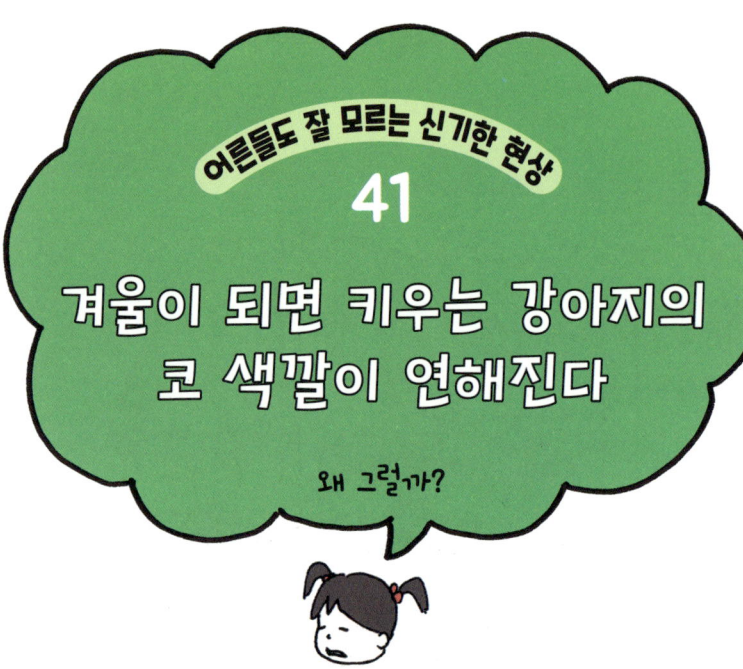

윈터 노즈

노란 래브라도레트리버처럼 털색이 연한 개에게 자주 보이는 '윈터 노즈', 즉 '겨울 코'라는 현상이에요. 윈터 노즈는 겨울에 햇빛이 비치는 시간이 줄어 자외선이 부족해지고, 개의 멜라닌(까만 색소) 부족 현상이 겹쳐서 생긴다는 이론이 유력해요. 그러나 확실한 원인은 아직 모릅니다. 봄이 되어 하늘에 해가 떠 있는 시간이 길어지면 대부분 회복되니까 너무 걱정하지 않아도 돼요.

> 신기한 현상 칼럼

겨울이 되어 새까맸던 강아지의 코가 분홍색이 되는 '윈터 노즈'는 '스노 노즈(눈 코)'라고도 해요.

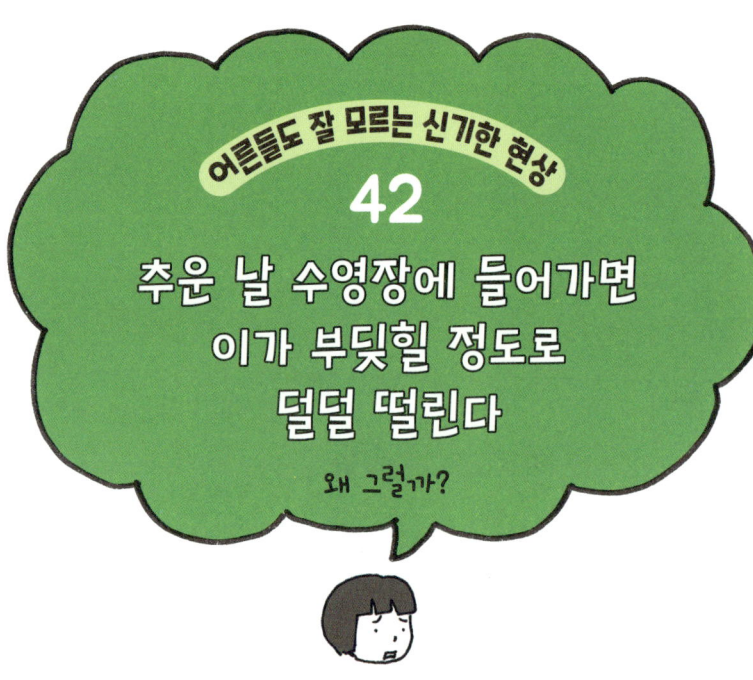

시버링

추운 곳에 있으면 몸이 멋대로 덜덜 떨리고 이까지 딱딱 부딪히죠. 자기 의지와 무관하게 생기는 이 현상은 '시버링'이라고 해요. 더운 여름, 차가운 계곡물에 들어갔을 때도 시버링 현상이 일어나요. 사람에게는 '딱 좋은 체온'이 있어요. 우리 몸속에 질병을 일으키는 바이러스가 늘어나지 않도록 막아 주는 적절한 온도죠. 따라서 체온이 내려가면 근육이 열을 내려고 바쁘게 움직이는 거랍니다.

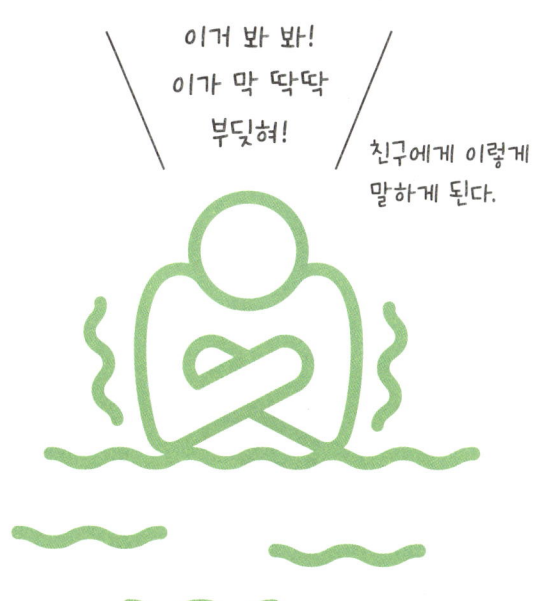

신기한 현상 칼럼

추운 겨울날, 화장실에서 용변을 보고 부르르 떠는 것도 '시버링(shivering)'이에요. 시버링은 영어로 '떨림'이라는 뜻이죠.

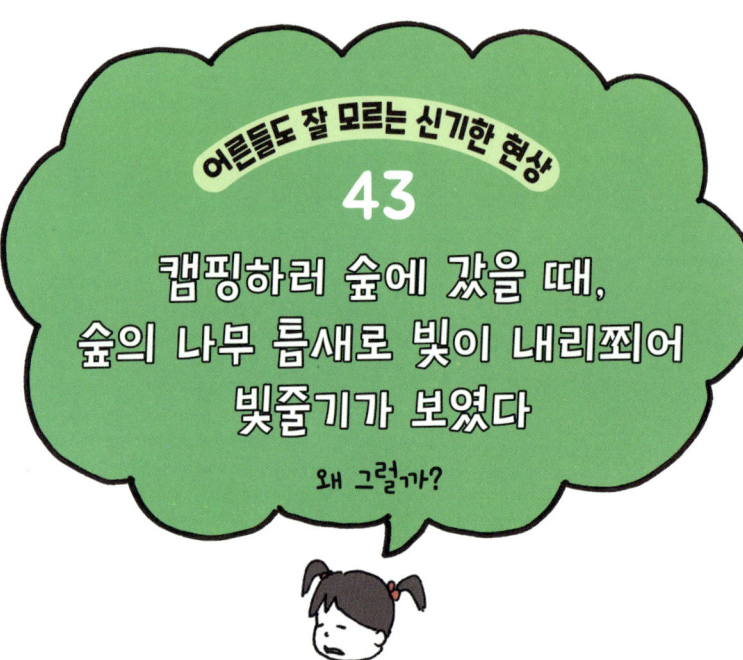

틴들 현상

영국 물리학자 존 틴들이 처음 연구한 현상이어서 '틴들 현상'이라고 해요. 작은 입자(안개나 먼지 따위)가 떠다니는 곳에 빛을 보내면, 빛은 그 입자 때문에 빛이 지나가는 길(광로)과 다른 방향으로 흩어져요. 그 결과, 빛줄기가 생긴답니다. 다만, 숲의 같은 위치여도 아침 안개가 자욱이 끼는 등 특정한 조건이 갖춰지지 않으면 틴들 현상이 일어나지 않아요.

> 신기한 현상 칼럼

해가 구름에 가려졌을 때, 구름 사이로 햇빛이 새어 나와 지상까지 빛기둥이 드리운 듯 보이는 것도 '틴들 현상'인데, 이 현상은 '천사의 사다리'라고 부르기도 해요.

결정 장애

미국의 한 연구진이 마트에 24종류의 잼을 두고 시식하는 실험을 했어요. 평소에는 6종류의 잼만 있었다고 해요. 24종류의 잼이 있었을 때 사람들의 관심은 컸지만 정작 판매는 6종류일 때가 훨씬 높았어요. 선택지가 많으면 좋을 것 같아도, 그 수가 너무 많으면 오히려 선뜻 고르지 못합니다. 이 현상을 '결정 장애'라고 불러요. 트레이딩 카드 종류가 많으면 많을수록 고르느라 지쳐 결국 사지 않은 거죠.

> ### 신기한 현상 칼럼

'선택하기에 딱 좋은 숫자'를 연구한 심리학자도 있는데, 5~7이라고 주장하는 사람도 있고 3~5라고 주장하는 사람도 있어요. 아직 결론이 나오지 않았어요.

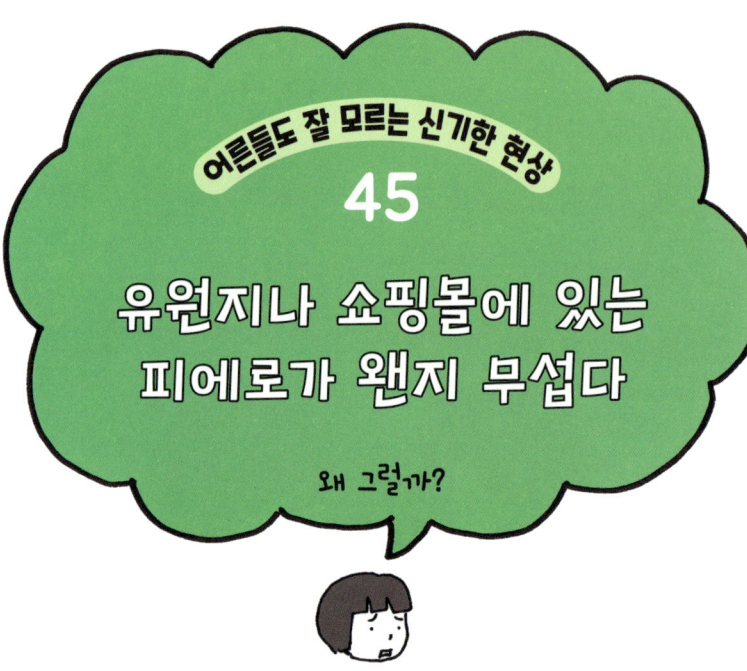

피에로 공포증

피에로는 익살스럽게 분장을 하고 사람들을 즐겁게 해 주는 존재예요. 그런데 최근 들어 텔레비전 방송이나 영화에서 피에로를 '공포'의 대상으로 표현하는 일이 많아졌어요. 그러면서 피에로를 무서워하는 사람이 늘었죠. 이를 '피에로 공포증'이라고 해요. 피에로는 얼굴을 하얗게 칠하고 과하게 웃는 표정이라, 인간과 비슷하게 생겼는데 인간이 아니라는 점이 공포심을 불러일으키는 모양이에요.

빨리 안 자면
피에로가 올 거야!!

신기한 현상 칼럼

얼굴에 눈물 모양을 그린 익살꾼을 '피에로'라고 해요. 이 눈물에는 '관객을 즐겁게 해 주고 있지만, 마음에는 슬픔이 담겨 있어요.'라는 의미랍니다.

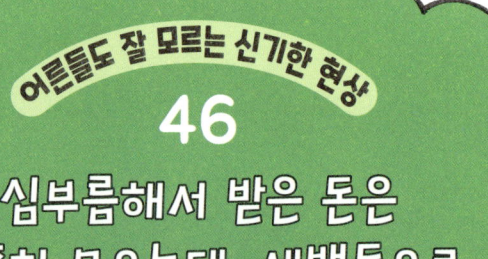

어른들도 잘 모르는 신기한 현상

46

심부름해서 받은 돈은 소중히 모으는데, 세뱃돈으로 받은 돈은 금방 써 버린다

왜 그럴까?

심리 회계

 심부름을 해서 모은 1만 원과 세뱃돈으로 받은 1만 원은 같은 금액이지만, 열심히 심부름을 해서 모은 돈이 훨씬 더 소중하게 느껴져요. 이를 행동 경제학 용어로 '심리 회계'라고 합니다. 금액은 같아도 우리 마음속에서 돈의 가치를 구별하는 거예요. '써도 되는 돈'과 '모으는 돈'을 나눠서 생각하는 편이 뇌에서 정보를 처리하기 쉽기 때문이죠.

데이트할 때면
꼭 돈이 없다니까.

신기한 현상 칼럼

'부정한 돈은 남지 않는다.'라는 말이 있어요. 여기에서 '부정한 돈'이란 '고생하지 않고 얻은 돈'으로, 그런 돈은 금방 써 버린다는 의미예요.

보너스 퀴즈 ④
현상의 이름을 보고 어떤 현상인지 맞혀 보자!

Q7
에머트의 법칙

힌트
자기 그림자를 빤히 쳐다본 후에 하늘을 보면……?

환상적인 무늬를 자기 눈에 나타나는 현상. 그림자를 빤히 쳐다본 후에 하늘을 보면, 잔상이 떠올라 눈앞에 동글동글한 무늬가 펼쳐져요. 과연 잔상은 몇 개나 보일까요?

A 그림자 잔상

Q8
워터 해머 현상

힌트
워터=물과 관련 있는 현상이에요.

큰 소리가 날 정도로 수도관을 흐르던 물이 갑자기 멈추었을 때, 관로에 큰 충격이 가해지는 현상. 물이 매우 빠르게 흐르다가 갑자기 멈추면 운동 에너지가 압력으로 바뀌면서 수도관이 파손되기도 해요.

A 수도꼭지를 갑자기 잠글 때, 물이 수도관을 두드리는 현상

5장
몸에서
생기는 신기한 현상

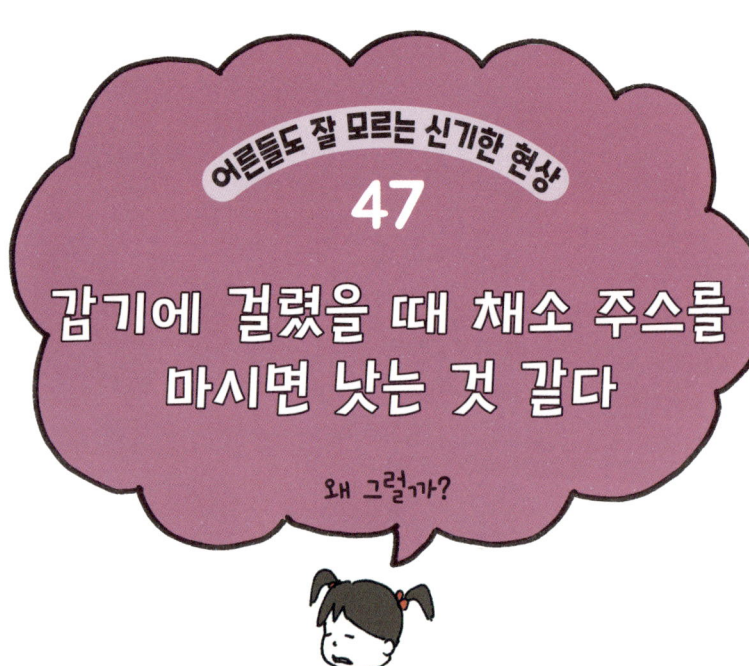

플라시보 효과

 사실은 병을 낫게 하는 성분이 들어 있지 않은 약인데, 먹으면 낫는다고 해서 먹었더니 정말로 효과가 나타날 때가 있죠. '플라시보(가짜 약) 효과'예요. 굳게 믿으면 원래 있을 리 없는 효과를 얻을 가능성이 있답니다. 이와 반대로, 병에 잘 듣는 약인데 '나을 리 없지.'라고 생각하며 먹으면 낫지 않는 '역플라시보 효과'도 있어요. 약은 낫는다고 믿고 먹는 게 좋겠어요.

신기한 현상 칼럼

'플라시보 효과'를 노리고 가짜 약을 만들어 파는 회사도 있어요.
다만 진짜 약은 아니니까 식품으로 팔죠.

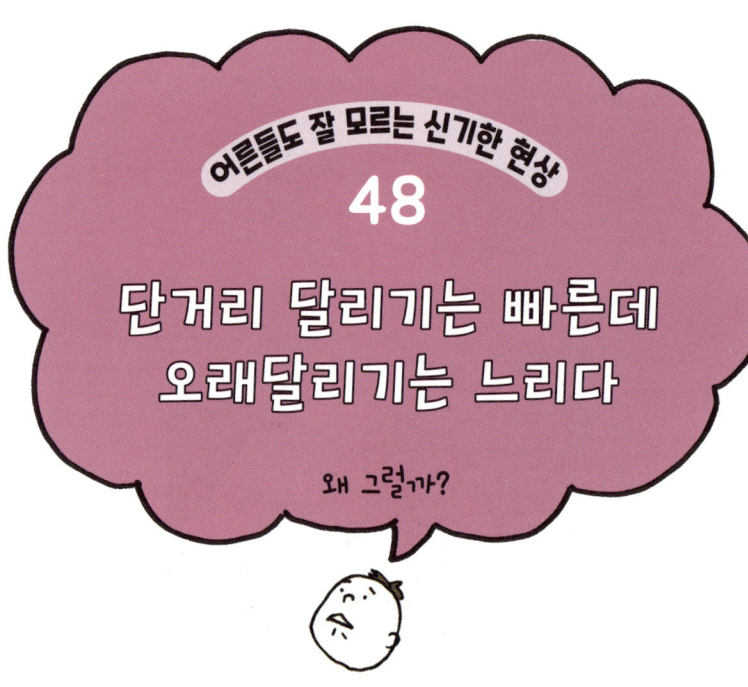

속근섬유가 많아서

 우리 몸의 근육은 크게 '속근섬유'와 '지근섬유'로 나눌 수 있어요. 속근섬유는 단거리 달리기처럼 짧은 시간에 큰 힘을 발휘할 때 쓰이고, 지근섬유는 오래달리기처럼 일정한 힘을 오랜 시간 발휘할 때 쓰이죠. 이 두 종류의 근섬유가 근육 안에 얼마나 들었는지는 태어날 때부터 정해져요. 훈련해도 비율이 크게 달라지지 않죠(그래도 단련할 수는 있습니다). 단거리 달리기가 빠른 사람은 속근섬유가 많은 사람이에요.

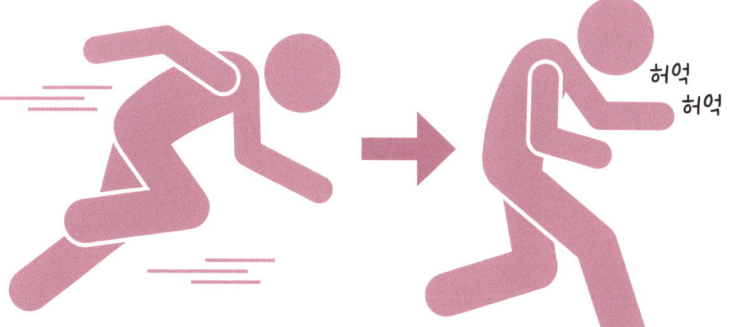

신기한 현상 칼럼

'속근섬유'는 하얀색으로 보여서 '백근'이라고 하고, '지근섬유'는 불그스름해서 '적근'이라고 해요. 또 이 두 근육의 중간인 '분홍근육'도 있답니다.

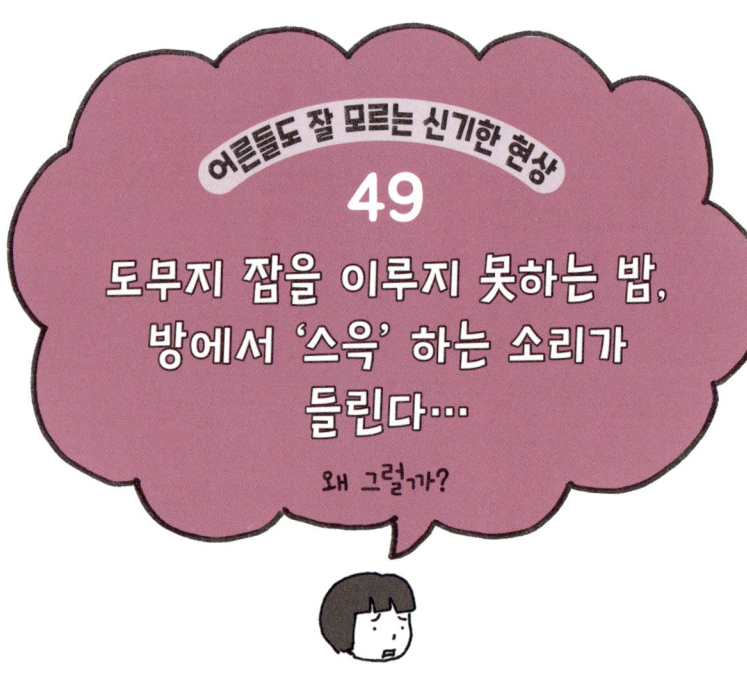

댄스 세포의 소리

그건 귓속에서 소리를 포착하는 세포가 움직이는 소리예요. 이 세포는 춤을 추듯이 움직여서 '댄스 세포'라고 하는데, 원래 이름은 '외유모 세포'예요. 소리가 나면 귓속에서 감각 기관이 그 소리에 따라 흔들리는데, 소리가 작으면 흔들림도 작아져서 잘 포착하지 못해요. 댄스 세포는 작은 흔들림을 증폭해 뇌에 보내려고 언제나 움직이며 준비하죠. 그래서 조용한 방에서는 귓속에서 댄스 세포가 움직이는 소리가 들린답니다.

신기한 현상 칼럼

'댄스 세포'는 1초에 2만 번이나 움직일 수 있는데, 초고속으로 움직이는 '프레스틴'이라는 단백질 덕분이에요.

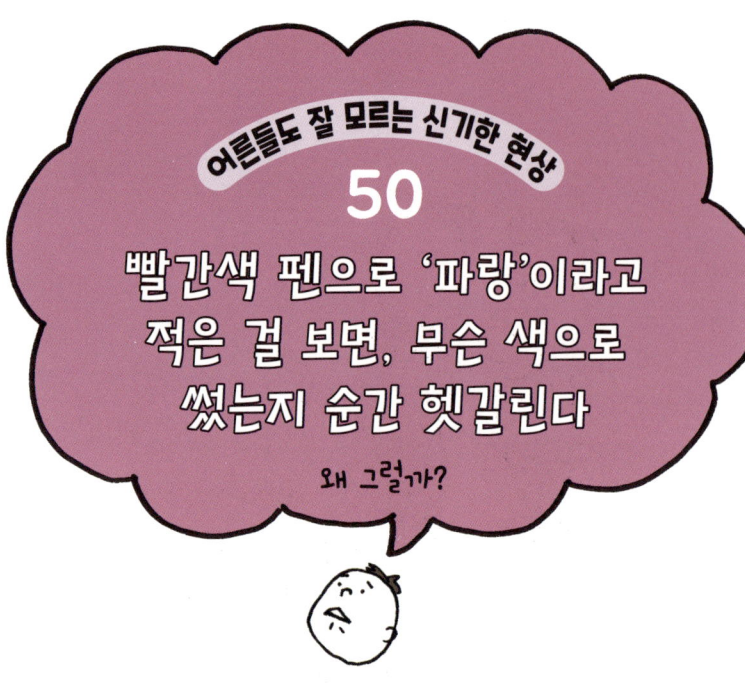

스트룹 효과

 빨간색 펜으로 '파랑'이라고 쓰고, 친구에게 "무슨 색으로 썼게?" 하고 물어보세요. "파란색!"이라고 대답하거나, "빨간색!"이라고 대답하더라도 시간이 걸릴 거예요. 이를 '스트룹 효과'라고 해요. 이 현상을 발견한 심리학자의 이름에서 따왔죠. 사람은 적혀 있는 글자의 의미를 거의 자동으로 받아들여요. 그 정보를 무시하고 색에만 주의를 기울이는 것은 꽤 어려운 일이죠.

문제 무슨 색으로 썼을까?

파랑, BLUE

정답 빨강

문제 뭐라고 썼을까?

빨강, RED

정답 빨강

신기한 현상 칼럼

앞서 친구에게 한 질문은 문자의 색을 맞히는 거였는데, 파란색 펜으로 쓴 '빨강'이라는 글자를 읽으라고 해도 역시 시간이 걸려요. 이를 '역스트룹 효과'라고 해요.

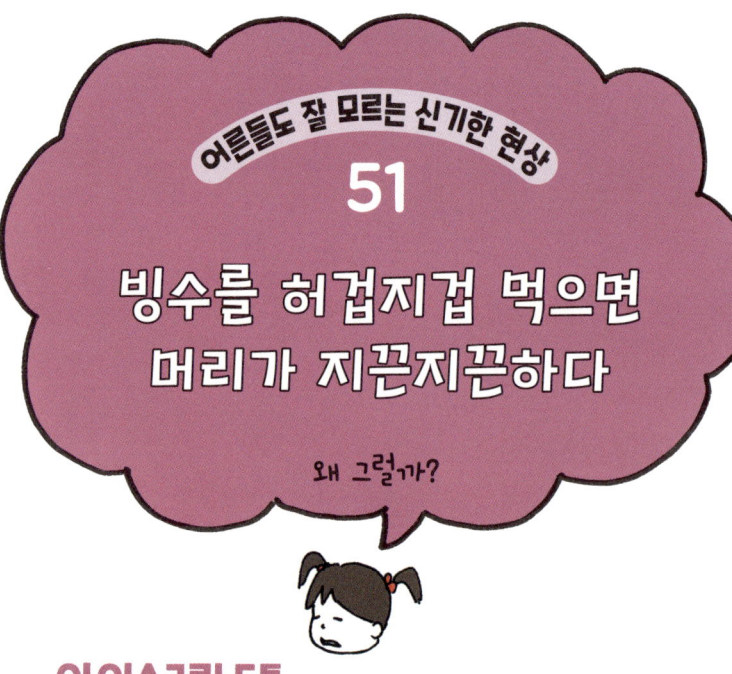

어른들도 잘 모르는 신기한 현상
51

빙수를 허겁지겁 먹으면 머리가 지끈지끈하다

왜 그럴까?

아이스크림 두통

꼭 장난처럼 들리는데, 의학 서적에 실린 정식 명칭이에요. 이 두통의 원인으로는 현재 두 가지 학설이 있어요. 첫 번째, 차가운 음식이 들어가 입안이 순식간에 차가워지면, 목 안쪽을 따뜻하게 하려고 머리 혈관이 갑자기 넓어져서 일시적으로 염증이 생긴다. 두 번째, 입안이나 목에 닿는 자극을 뇌에 전달하는 삼차 신경이 갑자기 차가워지면서 혼란을 느껴 차가움을 아픔으로 착각한다. 무엇이 원인이든 천천히 먹으면 두통이 생기지 않아요.

신기한 현상 칼럼

'아이스크림 두통'이 생겼을 때, 얼음으로 이마를 차갑게 해 주면 두통이 멈춘다고 해요. 얼음이 없으면 차가운 캔 음료나 페트병으로 해 봐도 좋겠어요.

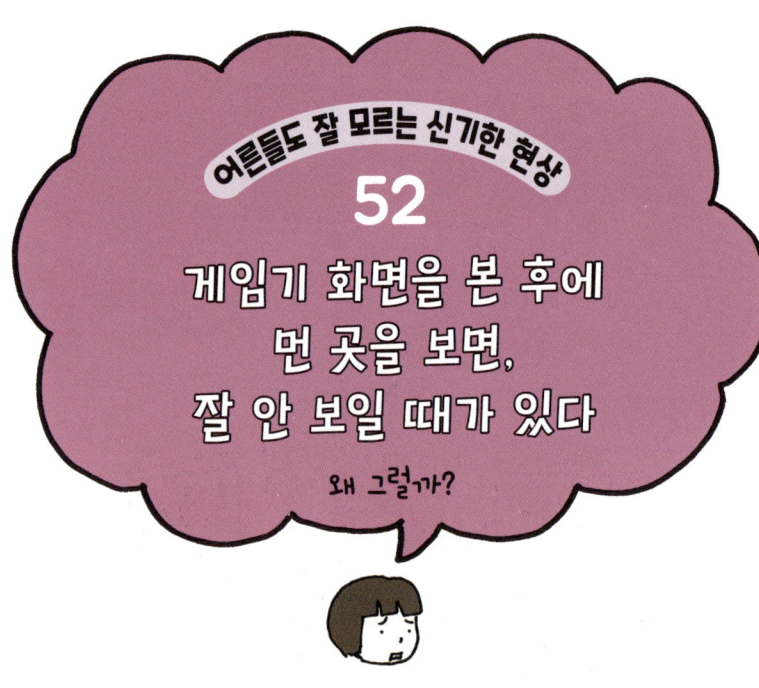

초점 프리즈 현상

게임기나 태블릿 화면을 한참 들여다보다가 먼 곳을 보면, 풍경이 뿌옇게 보일 때가 있죠. '초점 프리즈 현상'으로, 눈 근육이 굳어서 갑작스러운 움직임에 반응하지 못해 생깁니다. 눈 근육은 가까운 곳을 볼 때 많이 사용해요. 가까운 것을 너무 오래 보면 눈이 지쳐서 시력이 나빠질 수 있으니, 자주 쉬어 줘야 해요. 게임은 시간을 정해서 해요.

신기한 현상 칼럼

'초점 프리즈 현상'이 생긴 뒤에 쉬는 게 아니라, '한 시간에 한 번은 휴식' 등 미리 규칙을 정하고 피곤해지기 전에 쉬어야 눈 건강에 좋아요.

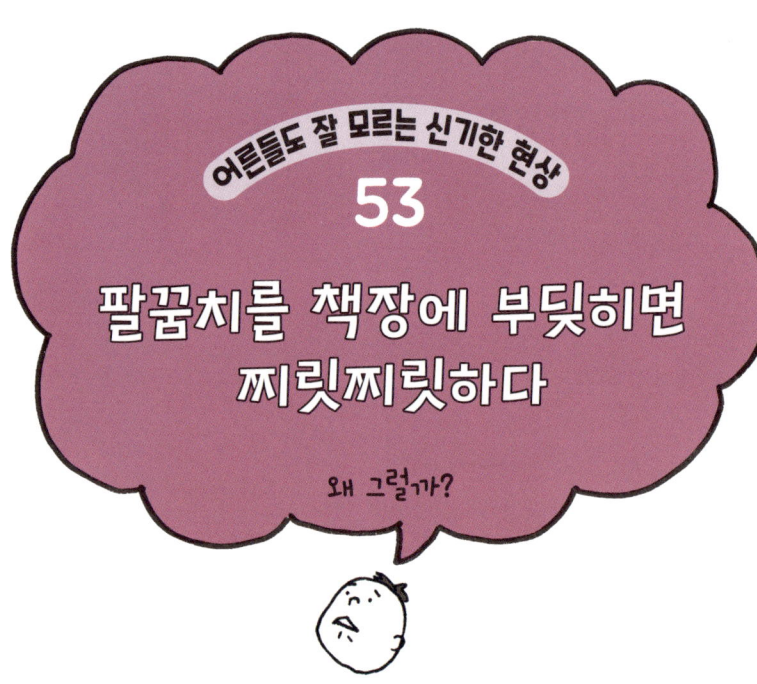

퍼니 본

팔꿈치 뼈 안쪽에 아주 조금 튀어나온 뼈가 있죠. 이 뼈 근처의 피부 아래에는 척골 신경이라는 커다란 신경이 있어요. 이 신경은 뼈나 근육의 보호를 받지 못하는 부위를 지나기 때문에 어딘가에 부딪혔을 때 자극을 직접 받아요. 그래서 전기가 통한 것처럼 찌릿합니다. 이 현상을 '퍼니 본(웃긴 뼈)'이라고 해요. 왠지 우스꽝스러운 이름이라 어디 가서 한 번쯤 말해 보고 싶죠.

> 신기한 현상 칼럼

'퍼니 본'의 저릿함은 신경이 마비되어서 생기는데, 무릎을 꿇고 앉았을 때 다리가 저리는 것 역시 신경이 마비되어서 생기는 거예요. 그러고 보니 찌릿찌릿한 느낌이 비슷하네요?

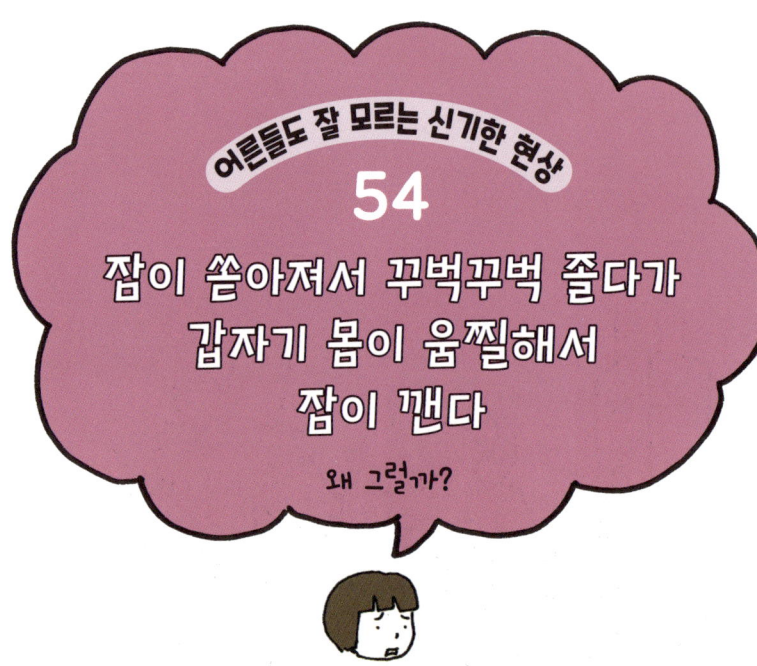

슬립 스타트

　졸음을 참는 중이거나 오랫동안 깨어 있을 때, 무심코 꾸벅꾸벅 졸다가 다리나 팔의 근육이 경련해서 퍼뜩 깨는 경우가 있죠. '슬립 스타트'라는 현상으로, 자기 의지와 상관없이 몸이 멋대로 움직이는 현상이에요. 이상한 자세로 자거나 지쳐서 잠들면 잘 일어난다고 합니다. 뇌가 꿈과 현실을 구분하지 못해서 몸에 잘못된 명령을 내리는 바람에 생겨요.

> **신기한 현상 칼럼**

꿈을 꾸다가 높은 곳에서 떨어졌다고 착각할 때가 있죠? 그때 움찔하면서 깼을 거예요. 사실 '슬립 스타트' 때문이랍니다.

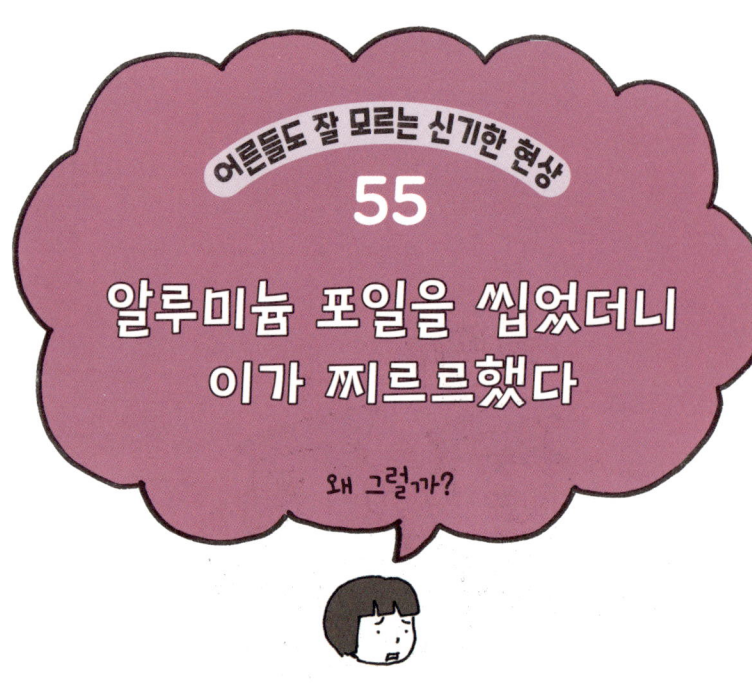

갈바니 전류

 충치가 생겨서 이를 금속으로 때운 사람이 알루미늄 포일을 씹으면, 소재가 다른 두 가지 금속이 침을 매개로 접촉하면서 미약한 전류가 발생해요. 이 전류를 '갈바니 전류'라고 합니다. 입안에서 갈바니 전류가 생기면, 이는 그 전류를 아픔으로 받아들여 찌르르함을 느끼죠. 다만 이 현상은 입에 금속 물질이 없는 사람은 경험하지 못하니까, 충치가 없는 친구는 아무리 설명해도 이해하지 못 할 거예요.

신기한 현상 칼럼

'갈바니 전류'가 발생하는 원리는 전지의 원리와 똑같아요. 녹슬기 쉬운 금속이 침(전해질 용액)을 매개로 녹이 잘 슬지 않는 금속과 만날 때, 전극이 되어 전기가 흐르죠.

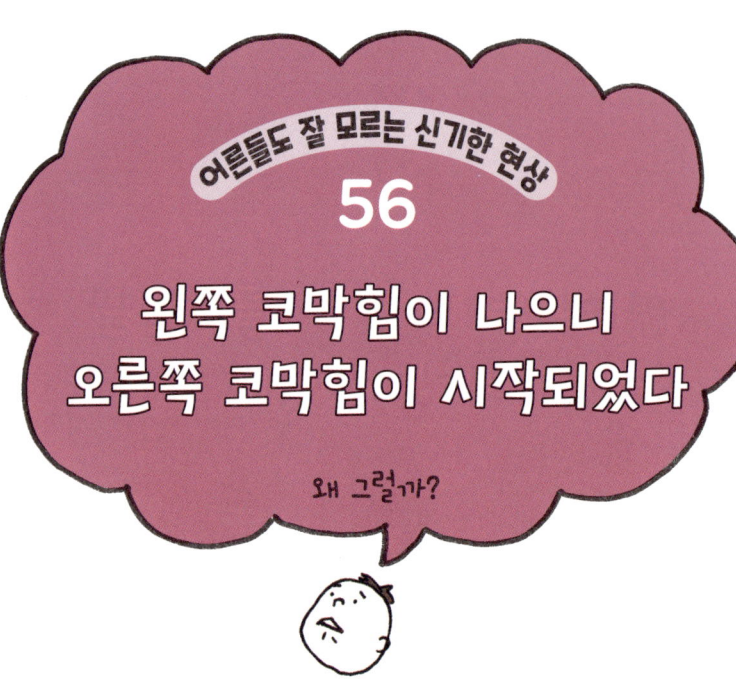

비주기

 코가 정상 상태일 때, 콧속 점막은 몇 시간마다 좌우 번갈아 가며 팽창과 수축을 반복해요. 교대로 일하고 쉬는 거죠. 이를 '비주기(나잘 사이클)'라고 해요. 한쪽 콧구멍을 쉬게 하면 호흡할 때 드는 에너지 소비를 줄이고, 후각을 예민하게 유지하며, 바이러스나 세균의 침입을 막는 이점이 있어요. 만약 한쪽 코가 막히면 그 코가 지금 쉬는 중이라고 생각하면 되겠어요.

신기한 현상 칼럼

물고기의 콧구멍은 네 개예요. 아주아주 오랜 옛날, 인간의 조상이 아직 물속에서 살던 시절에는 인간도 콧구멍이 네 개였어요. '눈물점'이 바로 그 흔적이죠. 울면 콧물이 나오는 이유는 눈물점과 콧구멍이 연결되었기 때문이에요.

아이들도 잘 모르고 어른들은 더 모르는
신기한 현상 사전

1판 1쇄 발행 | 2022. 2. 17.
1판 2쇄 발행 | 2022. 11. 21.

신기한 현상학회 기획 | 코코로사 글 | 요시타케 신스케 그림 | 이소담 옮김

발행처 김영사 | **발행인** 고세규
편집 김인애 | **디자인** 김민혜 | **마케팅** 이철주 | **홍보** 박은경 조은우
등록번호 제 406-2003-036호 | **등록일자** 1979. 5. 17.
주소 경기도 파주시 문발로 197(우10881)
전화 마케팅부 031-955-3100 | 편집부 031-955-3113~20 | 팩스 031-955-3111

값은 표지에 있습니다.
ISBN 978-89-349-5127-8 73300

좋은 독자가 좋은 책을 만듭니다. 김영사는 독자 여러분의 의견에 항상 귀 기울이고 있습니다.
전자우편 book@gimmyoung.com | 홈페이지 www.gimmyoungjr.com

어린이제품 안전특별법에 의한 표시사항

제품명 도서 **제조년월일** 2022년 11월 21일 **제조사명** 김영사 **주소** 10881 경기도 파주시 문발로 197
전화번호 031-955-3100 **제조국명** 대한민국 ⚠**주의** 책 모서리에 찍히거나 책장에 베이지 않게 조심하세요.

코코로사 글

일본 오사카에서 태어나 도쿄대학교 문학부를 졸업했다. 이후 출세와 인연 없는 회사원으로 일하면서 틈틈이 기묘한 이야기를 블로그에 쓰거나 책을 집필한다. 우리나라에는 이 책으로 처음 소개되었다.

요시타케 신스케 그림

1973년 가나가와현에서 태어나 쓰쿠바대학 대학원 예술연구과 종합조형코스를 수료했다. 아동서 삽화, 표지 그림, 광고 미술 등 다방면에 걸쳐서 작업을 해 왔다. 첫 그림책이자 출간 즉시 베스트셀러가 된 《이게 정말 사과일까?》로 제6회 MOE 그림책방대상과 제61회 산케이아동출판문화상 미술상을 받았으며, 《이유가 있어요》로 제8회 MOE 그림책방대상, 《벗지 말걸 그랬어》로 볼로냐라가치상을 받는 등 전 세계에서 인정받는 작가다. 그동안 쓰고 그린 책으로는 《이게 정말 사과일까?》를 비롯해 《이게 정말 나일까?》《이게 정말 천국일까?》《이게 정말 마음일까?》《도망치고, 찾고》《더우면 벗으면 되지》《만약의 세계》《심심해 심심해》《그것만 있을 리가 없잖아》《이유가 있어요》《불만이 있어요》 등이 있다.

이소담 옮김

동국대학교에서 철학 공부를 하다가 일본어의 매력에 빠졌다. 읽는 사람에게 행복을 주는 책을 우리말로 아름답게 옮기는 것이 꿈이고 목표이다. 우리말로 옮긴 책으로는 히로시마 레이코의 〈십 년 가게〉와 〈나르만 연대기〉 시리즈, 《혼자 여행을 다녀왔습니다》《오늘의 인생》《최애, 타오르다》 등이 있다.